新时代区域教研的改革探索

以顺德区实践为例

余　逸　陈辉霞　任富华◎编　著

广东高等教育出版社
Guangdong Higher Education Press
·广州·

图书在版编目（CIP）数据

新时代区域教研的改革探索：以顺德区实践为例/余逸，陈辉霞，任富华编著. —广州：广东高等教育出版社，2021.8

ISBN 978-7-5361-7011-7

Ⅰ. ①新… Ⅱ. ①余… ②陈… ③任… Ⅲ. ①中小学-教学改革-研究-顺德区 Ⅳ. ①G632.0

中国版本图书馆 CIP 数据核字（2021）第 084150 号

出版发行	广东高等教育出版社
	地址：广州市天河区林和西横路
	邮政编码：510500　电话：（020）87554152
	http://www.gdgjs.com.cn
印　　刷	佛山市诚铭印刷有限公司
开　　本	787 毫米×1 092 毫米　1/16
印　　张	11.5
字　　数	238 千
版　　次	2021 年 8 月第 1 版
印　　次	2021 年 8 月第 1 次印刷
定　　价	38.00 元

编委会

前　言

时光的逝去，带不走岁月的芬芳；四季的变换，奏响了奋斗的乐章。回眸2016年，顺德区开启了教育现代化改革之路。随着现代教育改革不断深化，向教育科研要质量已成为教育界的普遍共识。教育科研是推进区域内教育质量提升及方式变革的重要因素。教育科研方式方法的变革是提高教育质量、促进教学发展的重要平台，是区域内指导教学改革活动、实现教育理想的重要方式，也是区域教育科研生态的重要表征。

2017年顺德区教育局下发了《关于全面推进区域教研改革发展工作的指导意见》（顺教［2017］63号），其中明确提出：坚持以系统发展思想为指导，围绕我区“树立标杆，面向广深，打造珠三角教育高地”的教育发展目标，以改革完善教研机制为突破口，以进一步加强教研队伍建设为抓手，构建以区级教研为核心引领，镇（街道）、学校教研协同的“区—镇—校”一体化的区域大教研体系，充分发挥区教育发展中心在教育研究和教学指导、教研服务和教育质量监测评价中的作用，进一步明晰镇（街道）和各学校在教研工作中的职责和任务，引领和推动区属学校、各镇（街道）及中小学的教研教改工作，实现“全区教研、全面教研，全员教研”的“大教研”发展战略，以教研促教学，推动我区教育教学质量的整体提升，构建全新的教研工作格局，全面提升顺德区教研工作水平。顺德通过构建区域大教研体系：一是完成了区域大教研理念下的联合教研体的构建，实现了区域优质教研资源共享；二是建立了联合教研模式，实现了基于数据分析的精准教研；三是镇（街）建立了基于大教研理念的联合教研载体，并发挥了引领示范作用，开创了顺德区区域教育研究发展的新局面。

作为顺德区教育教学研究室的负责人，本人凭着对教学研究工作的满腔热情，牢固树立“学校是教研基地，教室是教研室，教师是研究者”的区域教研理念，以“教师课堂”为主阵地，以“教科研培训”为切入点，以“强化队伍建设”为保障，确定了“培训先行，理念创新，大胆实践，注重实效”的工作思路，坚持“以教研为主线，以科研促发展”方针，让教科研“活”起来，有效促进了从事一线教研的教师由教书型向研究型转变。

在开展区域教研改革的实践过程中，顺德区教育发展中心不仅探索了一条适合区域教育发展的新教研之路，同时也积累了改革的经验和做法，编撰成为此书。本书有以下特点：

一是教研成果的原创性。本书介绍的较多教研成果是顺德区教研的探索和实践，首次介绍，具有明显的原创性。有的教研成果虽然不是我们首次提出，但是也有较多的创新因素。

二是教研观念的实践性。本书较好地体现了实践第一的教研观念，注重从实践中发现问题、提出问题、分析问题、解决问题，做到从实践中来，到实践中去，把实践作为检验教研的唯一标准。

三是教研思想的先进性。本书介绍的教学研究能够与时俱进，具有超前意识。从文献研究中，我们看到很多地区开展了区域教研的改革和实践，但是能系统地提出改革的模型、实施路径、策略的还是不多，顺德的区域教研改革经验具有同质借鉴和推广性。

四是教研理论的科学性。本书将区域丰富的教研素材进行选择，论证基本上做到了有理有据，用实例和数据支撑观点，较好地反映了教研的本质和规律。

五是区域教研经验的普适性。本书介绍的区域教研经验具有普适性，适用于各类地区、各类学校、各类教师。

六是教研表达的学术性。本书对实践研究、应用研究的成果反复提炼，对一些教研概念和教研理论进行了系统化，结构比较合理，论证比较严谨，判断源于事实，较好地体现了教研的学术性。

七是教研案例的真实性。本书介绍的每项区域教学研究，可见可查，真实可信。

八是教研方法的准确性。本书对教研方法的介绍，自认为忠于客观事实，表述比较准确，没有夸大，没有缩小。

两年的区域教研改革实践，让我们看到了成就与希望：成就属于自我的生命成长历程，让我们的教育、教学和社会使命，都因这样的生命成长而异彩纷呈；希望通过我们的努力，使每一位师生都彰显出鲜亮的个性品质。

立足实际让我们更加清醒、更加务实地走稳每一步。高瞻远瞩让我们不畏浮云，不断超越地走远每一步。术业专攻让我们在专属领域中做到人有我优，走精每一步。因材施教让我们将学生不同的潜能发挥到最佳，走优每一步。有人说，人总要守望些什么，哪怕是一弯新月，一泓秋水，抑或一种信念，一个梦想。因为守望是一种坚定的信仰，是生命的活力，是幸福的源泉。扎根教育的沃土，我们愿用终生的追求去守望一生的幸福，创造顺德教育更加辉煌的明天！

余逸
2021 年 3 月 6 日于德胜河畔

目录

第一章　区域教研概述

第一节　教研及发展历程

一、什么是教研

教研即教育研究，是指总结教学经验，发现教学问题，研究教学方法。对“教研是什么”这个问题，可以从知识管理、社会学、心理学三个角度回答。

从知识管理角度看：教研是PCK（TPACK）的转化、传播与利用。孟子说：“有为者辟若掘井，掘井九轫而不及泉，犹为弃井也。”这段话与教研定义“钻研者之间成果的传播、整合与提升”真可谓异曲同工！做教研就是要掘井及泉，教研者不是聚在一起交流掘井的体会，而是来分享甘洌的“清泉”——钻研成果。

从社会学视角看：教研是通心力与和而不同。通心力由厘清自己、换位体验及相互影响三个渐进过程得以发挥。厘清自己，指的是空杯心态，明确目标。换位体验，指的是站在对方的立场上，体验对方的情绪与状态。

从心理学角度看：教研是再生力。支持他人提升和发展的心理能力称为再生力。

李开复曾说，我发现，帮助他人实现他们的梦想，是唯一比实现自己的梦想更有意义的事情。我越来越相信，当我已经完成了很多梦想之后，我更大的愿望是帮助中国的年轻人圆梦。这将比个人的成功更具有意义，也可以将我个人的力量尽可能地放至最大。

二、教研的特征

教研是一项准教育科研实践活动，承载着沟通教学理论与教学实践的功能和作用，具有导向性、针对性、层次性和创造性的特征。

1. 导向性。教研工作要给我国基础教育的发展以正确的导向，从而规范中小学的教育、教学工作，引导中小学的教育、教学工作沿着科学的轨道运行，使党的教育方针和国家的各项教育法规、政策得以全面地、有效地贯彻执行，克服学校教育、教学工作中的盲目性、随意性。教研工作的导向性主要体现在：用党的教育方针和国家的教育法规、政策规范中小学的常规教学活动；用最新的教育、教学理论研究成果指导中小学的教育、教学改革，使我国基础教育的发展趋向于整个世界教育、教学改革和发展的先进水平；通过教育、教学的检查、评估，防止基础教育的越轨行为。

2. 针对性。教研员要经常深入实际调查研究，发现中小学教育、教学工作中存在的普遍性问题和特殊性问题，进而分析问题的性质和症结，有针对性地采取相应的措施，提出切实可行的、有较强说服力的改进意见。教研工作中提出的研究课题、教育教学的实施意见、教研工作的基本思路和措施都应该符合实际，做到有的放矢。针对性主要表现在：针对中小学教育、教学中存在的普遍性问题；针对个别学校、个别学科存在的特殊性问题；针对教师队伍的现状；针对影响教育、教学活动的各种社会因素。

3. 层次性。教研工作的层次性主要表现在以下两个方面。

（1）教研工作组织机构的层次性。教研工作的组织机构一般由省级、地区级、县（区）级三个层次的教研组织网络构成。各个层次的教研组织，在总的教研工作目标指导下，各自有着不同的工作对象、工作内容，各自要解决不同层次的问题。如教材的编写、教材使用意见等，主要由省级教研部门组织提出。又如教师的岗位培训，省级教研部门的培训对象是省级的骨干教师，地区级的培训对象是地区级的骨干教师，县（区）级则要尽可能地培训到所管辖区域的所有教师。

（2）教研工作实施中的层次性。由于各方面条件的制约，每个学科的教育、教学工作的发展水平是不平衡的，存在着地区之间、城乡之间、校际之间的差异。教师的素质、教学质量等方面表现出不同的层次，这就要求我们在教研工作中，要注意到各个层次间的差异和实际需要，加以区别对待，分类指导。

4. 创造性。教研工作是一种创造性的工作。教研员要汲取教育、教学理论研究的新成果，把握世界教育、教学改革和发展的趋势，不断地更新观念，提出教研工作的新思路，引导教育、教学工作不断改革创新，要以敏锐的观察力和超前的意识，发现和解决教育、教学工作中出现的新问题。在教育、教学指导工作中，要充分地调动和发挥广大教师的积极性、主动性和创造性。

三、 教研发展历程

1. 创建期。20 世纪 50 年代中期，我国大规模经济建设和社会主义改造的形势导致当时教育规模与数量的急剧增长，教育质量存在严重隐忧。“整顿教育，提高教育质量”成为当时迫切需要解决的问题。在这一社会背景下，区域教研机构成立，区域教研制度应运而生。当时区域教学研究的任务是组织和指导中小学在职教师进行教材、教法研究，编写与教材相关的教学参考资料，举办教材、教法培训，传播和交流教学经验。

2. 停滞期。“文革”期间，教研室被取消，全国通用教材被废止，各地成立临时教材编写组代行教研室部分职能，主要编写中小学及幼儿园各科教材和教学参考书。

3. 恢复期。“文革”结束后，各地教育部门的首要任务便是恢复、整顿教育秩序，加强基础教育教学研究。为适应当时教育发展的需要，各地相继恢复了教研机构，纷纷出台制度性文件进一步规范教研机构内部管理制度，教研室的教学研究职能进一步强化。以教学改革实验为主的教研活动广泛开展，如江苏南通师范学校第二附小李吉林老师的“情景教学”、江苏常州师范学校邱学华老师的“尝试教学法”实验、张思中的外语教改实验、上海闸北八中的“成功教育”、上海青浦区教研室主任顾泠沅主持的数学教改实验等。

4. 改革期。20 世纪 80 年代后期，考试评价工作进行了重大改革，全国建立高中会考制度，各地教研室除了开展教学指导、教材教法研究，又开始承担考试评价等众多工作，教学研究的重心又从教材教法研究转移到考试评价。长期以来，由于区域教研自上而下的行政管理模式，学校内部开展的教学研究在区域教研中的比重较低，区域教研机构一直是区域教学研究的主体。

进入 21 世纪，新一轮基础教育课程改革启动实施，随着学校的课程管理、办学自主等权力增大以及“教师是研究者”理念的实践，这些与以区域教研机构为主体的教研制度不相适应，开展以校为本的教学研究成为必然。面对区域教研制度的转型，区域教研机构需认真思考、分析自身的历史局限，重新认识自身定位，改进自身局限与困境，构建“自上而下”与“自下而上”相结合的区域教研制度。

第二节　区域教研及其载体

一、区域教研的内涵

根据教研组织的主体，教研分为校本教研、校际教研和区域教研三个层次。区域教研是由教研机构在省市县等一定范围内开展的、以课程和教学为对象的研究实践。

区域教研是提升教师教学水平、缩小教学差距、优化教育资源的重要教研形式，为教师的专业发展提供专业引领、校际联动、成果交流、资源共享的机会，从而弥补了单一教研形式的不足。

区域教研是校本教研的有益补充和辅助。区域教研可以整合区域教研力量，促进学校之间的合作与交流，从而实现互利共赢、均衡发展，对推进区域课程改革、提高区域教育教学质量、促进区域教师专业发展起着不可替代的作用。

二、区域教研的发展现状

长期以来，由于教育行政部门与教研机构的隶属关系，教研机构被赋予部分“管理”职能，区域教研工作要求教研机构以行政管理的方式实施教研实践，教研工作的引领和指导往往依靠教研员个性化的教学“经验”或无关痛痒、不具操作性的“官话”来进行，从而形成了“自上而下”“一言堂”的工作方式。实际工作中，区域教研机构在实施教研活动时往往“就事论事”，把教研活动看成一个个孤立的事件或工作，并且过程管理及评价欠缺。部分教研机构甚至不关注，忽视了对教研活动评价的系统性、完整性，在一定程度上违背了教研实践的一般规律，严重影响了区域教学研究的质量和效果。

思想观念上，不少校长和教师还存在着“区域教研就是教研机构的事情”的片面认识，认为教研和其他机构或人员没有关系，其他机构或人员不可能也没必要参与到教研实践中来。这样的思路和认识，固化了教研提高的思路，在一定程度上限制了区域教研工作的创新和发展。主要体现在以下三个方面。

1. 教学研究过程的封闭。

教研员是开展教学研究的主体。教研员在教研机构是分学科设置的，如初中数学教研员、高中英语教研员等。不同学科教研员相对独立，他们之间缺少合作，业务开展各行其是，仅从自己学科的立场、观点和方法开展教学研究。教研员是区域内优秀教师的代表，具有丰富的教学经验和实用的教学技巧，拥有较高教学权威，他们在和一线教师沟通时往往成为单向的信息传递者，缺少对话与合作，即使偶有合作，也是一线教师在实现教研员的意愿，这一定程度上扼杀了一线教师教学研究的积极性与创造性。教研员熟悉教学实践，但是容易存在轻视教育理论的倾向，对教育理论指导教育实践的作用认识不足，认为教学指导的技术性更强、教育理论的作用不大，教学指导更需要经验与技巧，没有与专业研究人员合作的意识与对话的基础。总之，教研员开展教学研究的过程是封闭的，个人是孤独的。新课程背景下，教研员与教师站在了同一起跑线上，面对新理念、新标准、新教材，教研员的教学权威不在了，他们需要持续的岗位成长。要实现岗位成长，就要在开展教学研究的过程中，一起分享经验、反思教学，在共同的问题上进行探讨，形成互补的教学研究空间，丰富教学研究的内涵，构建研究者与实践者的新的学习团队与合作关系，形成由专业研究人员、教研员及一线教师组成的“教研共同体”。

2．教学研究内容仅侧重微观。

教研员大多是从一线教师中选拔出来的，有着丰富的课堂教学经验，对本学科教材的研究十分深入、专业，重点、难点及经典题型都如数家珍，对教学方法优劣、适用情境把握准确有度，运用自如，形成了稳定的教学风格。开展教学研究时，他们往往选择自己熟悉或擅长的学科领域，研究内容一般固定在教材分析、教法选择、媒体应用及考试命题等微观内容上，面对这些微观问题往往就问题谈问题，只停留在描述、解释层面，离不开具体的教学情境，具有“个性化”的特点。然而，教学领域里表现出来的许多问题，往往不是一个简单的教学问题，恰恰是一个范围更大的课程（学科）问题，如果仅站在教学的立场来看待这些问题，往往不容易看出问题的真正症结在哪里，也就很难找到解决问题的正确途径和办法。

3．教学研究方法单一。

教学研究是一种认识活动，也是对教学实践中的问题进行描述、解释、预测和改进的过程，顺利完成该认识活动需要科学、严密的方法。每一种研究方法都有它的优缺点，没有包治百病的唯一方法，教学实践活动极其复杂，涉及因素多，单靠某一方法无法深入开展研究。

三、 区域教研的载体——教研共同体

（一）教研共同体

教研共同体是具有共同愿景的组织或个体构成的教研团体。由于区域教研是由教研机构在省市县等一定范围内开展的，以课程和教学为对象的研究实践，实践的主体就是区域教研落地实施的关键，也是解决目前教研存在“教学过程封闭、教研内容侧重微观、教研方法单一”问题的有效措施。但是区域教研由谁来实施？这是每个教研人员需要思考的问题，更是区域教研机构需要破解的重要命题，为此我们提出教研共同体的工作理念。区域教研共同体是区域教研实施的重要载体。

（二）教研共同体的构成

教研共同体是具有共同愿景的组织或个体构成的教研团体。他们在教研过程中彼此之间进行沟通、交流，分享各种教研资源，共同完成一定的教研任务。教研共同体一般由学科专家、教研员（兼职教研员）、学科教师或专业教研机构、基地学校、学科组的三方力量构成。学科专家是课程改革中教学研究的重要力量，发挥理论研究和学术优势，积极开展课程改革的研究工作，主动参与中小学课程改革实践，帮助学校开展教学研究工作；教研员是课程专家与中小学教师之间的纽带，协调各方面关系，帮助建立校际教研机制，开展校际互动交流；学科教师是区域教研共同体的核心和主体，

具有研究者、实践者的双重身份。教研共同体的构建可以改变“区域教研就是教研机构的事情”的片面认识，使区域教研从单一、封闭走向多元、开放，形成由多种力量介入的教研网络，丰富实践的参与主体，为区域教研的建设提供创新和发展的机会。教研共同体多元、开放的特点，改变了以往“自上而下”“一言堂”的工作方式。在共同体中教师进行共同的教研活动，遵守共同规则，具有一致的价值取向和爱好，能有效维持他们持续、努力的教研活动。共同体成员在沟通交流中，得到不同的信息、看到理解问题的不同角度，促使他们进一步反思自己的教学活动，重新整理自己的思路。

（三）教研共同体构建指导思想

1. 打破同一教育层次教研固化范围，整合不同层次教研优势资源，达到不同层次教研资源最优化流转。

2. 在区域教研的对象上，以校际或教师个体个性化实践教研为实践对象，从教研开展的整体过程出发，服务于教学、教师教学行为的改变，导向区域学校、教师个体教研能力的提高，突出教研针对性、实践性、可操作性。

3. 在区域教研机制建立上，面向教师的终身教研，促进“全区教研、全面教研，全员教研”理念的落地，建立共享教研的常态化发展机制，并直接融入教师的日常工作当中。

4. 在区域教研支持上，通过学校之间、学校与镇街、区教研部门之间协调配合，建立教育行政部门引导、镇（街）设计、学校布局、教师实践的发展模式，形成资源保障、平台保障、政策保障，从而实现区域教研资源的按需最优化的联合体。

（四）教研共同体的建设

1. 培育共同体意识。在教研共同体中，学科教师对共同体的归属感、认同感以及从其他成员身上所得到的尊重感，有利于增强他们对共同体的参与程度，维持他们持续、努力的教学研究活动。在教研实践中，学校要根据教研任务及教师的特点，选择恰当的活动组织方式，如学科专题论坛、学科课题成果交流会、基于网络的教研群组研讨，鼓励教师参与其中。

2. 实践共同的活动或项目。教研共同体以共同的活动或项目为中心，实践的活动或项目要使共同体成员感到有意义且富有挑战性，能激发参与者实践的兴趣。如在区域监测考试命题，命制一份高水平的试题过程中，命题人员站在学科检测的角度思考如何命制试题，而不再是单纯被动迎考。这对团队成员富有挑战性，可以有效激发他们参与命题的兴趣和热情，在某种程度上提高了命题试题的质量和水平，也提高了教师的专业层次。

3. 发展共同遵循的规范准则。共同体是一种社会结构，代表一种社会联系方式，规范准则是保证共同体正常运行的基本条件。研究表明，平等、尊重、信任是共同体成员要遵循的基本规范准则，体现在共同体成员的语言、行为等细节上。只有共同遵循这些基本的规范准则，共同创造宽松、开放的教研环境，确保共同体内部持续交流、反馈和反思，才能激发成员间的互动，创生新思想、新方法、新知识。

4．科学规划项目和活动运行过程。科学、严谨的过程是共同体机制有效运行的保障。一般来说，规划会涉及以下五个环节。

（1）设计，是指对教研项目或活动的整体谋划、安排。设计包括问题设计和过程设计。问题设计指学科教师依据与具体教学情境相关的现象，整理、提炼、概括出具有一般意义的研究问题。过程设计是指为解决问题，选择安排环节、方法的操作过程。

（2）开发，是指在教研实践中，提供相关教学资源如辅助资源或研究成果的过程。这些资源包括教学案例、视频课例、评价标准等与教学实践息息相关的资源。

（3）应用，指阶段性或终结性研究成果在课堂教学实践中的使用。

（4）管理，是指对教研实践中的人、财、物的协调及对时间的统筹安排。

（5）评价，是指由教研参与者对教研过程的阶段反馈或总结评估，通过此环节对成果应用进行反馈、修正，或对教研过程中的发现、结果、创新加以宣传、推广。

上述五个环节不是简单的线性关系，而是由教研共同体实践的、循环往复的发展完善过程。区域教研是区域教育工作的重要内容，需要教研途径的科学、创新。做好区域教研工作，需要教研工作者不断探索实践。

（五）构建教研共同体的意义

1．教研共同体的构建是教师高水平专业发展的需要。新课程的变革，不仅包括教学内容和方法的变革，也是人的变革。新课程的变革是推进素质教育的一项系统工程，涉及管理、教学、理念、师生关系、评价等多个领域。如何通过完善区域教研制度推进教研有效开展，使整个区域中小学教师快速适应和参与新课程，加快专业成长的步伐，这是一个崭新的课题。新课程改革对教师专业化水平要求越来越高，引领全体教师加入学科教研共同体是促进教师专业发展的有效路径。从各地区域教研共同体运作实践来看，学科教研共同体的发展需要科学的顶层设计，需要强有力的领导力量。教研共同体集中了区内优秀的学科骨干，可以策划、组织、协调、管理区域学科共同体。它为区构建大教研体系，通过专家引领、同伴互助，集中汇聚多纬研训力量，为全区学科教师研训搭建更高的研讨平台。由于它面向基层，强化一线教师全员性、主体性、参与性，所以能汇聚全体学科教师的教学智慧，共享全区域教学资源，同时通过共同体的辐射和带动作用，为教师个体学习创设一个“学术场”，营造一种民主平等、对话协商、合作共享的教研氛围，通过同伴互助、共生共长，努力营造一个和谐、互补、丰富多样的教研生态。作为地方教研组织，它还是联通教研理论和教学实践的中介与桥梁，可借助广泛的教研实践把先进教学理论转化为一线教师的教学模式和行动策略，为广大教师提供方便操作、可资借鉴的教学范例，降低教师掌握新课程理念的难度，便于大面积实行新教材，普及新教法。区域教研共同体通过研究指导、示范带动、成果引领、区域辐射，实施大面积全员培训，不断引领教师专业化发展，加快教师专业成长的步伐。

2. 教研共同体的构建是推进区域教研协调发展的需要。由于每个学校的科研实力参差不齐，城乡之间、校际之间一线教师的研训机会并不一样，有少部分学校存在教育信息闭塞现象，教师专业发展封闭、低效，教师的教育观念和教学方法落后。这种教研水平的不平衡，也严重制约了校际教育质量的均衡。针对这一情况，区域教研共同体制定了以下措施：一是通过构建区域教师教研共同体，推进全区“联合大教研”机制建设，为区教师研训搭建更大的平台，加强校际间的交流，实现片区和城乡之间教师共享优质教学资源。通过推进学科教研共同体活动制度化、规范化，构建学习型团队，不断提高区域教育教学质量。二是借助校际教研、网络教研，突破地域局限，实现校本、镇街、区域三级教研的有效链接和优势互补，构建起一种开放共享、充满活力的教研机制。三是教研共同体成员通过送研下乡、驻点调研等手段进行教研扶贫，弥补基层学校教研组能力的缺位（如研究的缺乏、指导的缺位、管理的缺失、经验的缺少），缩小校际、镇街之间的教研差距，推进区域教研均衡发展。四是区域教研共同体可以将调研中发现的先进经验、优秀典型，在整个区内推广放大，让好的做法在各校教师中间流动起来，让先进的经验在更大的人群中传播，整体提升区域教育教研质量。同时，通过构建区域教研共同体引领其他各级教研组织的发展，完善区教研部门统一部署、引领、指导、调控的多层级教研网络体系。在区域教研网络建构上形成“区教研机构—镇街学科中心组—校际片区联盟—各校教研组—教师”的教研网络，形成“区教研机构—教研员—学科中心组骨干名师—全体学科教师”这一多层次、多形式、多维度的立体联合教研网络，充分整合发挥专兼职教研员、区域学科名师、学校教研组组长、骨干教师等教研力量，分类指导、区域推动、协作共进，不断扩大和延伸教研组织的服务职能，整体提升本区域教育教学质量和科研水平。

3. 教研共同体的构建可以弥补传统教研方式的不足。多年以来，由于对教育行政部门的隶属关系，教研机构被赋予部分“行政管理”的职能。受传统的行政性、垂直式管理机制影响，教研员存在个人主义、“一言堂”的控制式评价，教研理念陈旧。在教研工作方式上，实施“我研你教”“我说你做”“我编你用”“我评你听”的指令性教研，重“管理、考核、督查”，轻“服务、指导、引领”，重学科本位，轻学校本位、教师本位，这容易造成“教”和“研”脱离，缺乏协作文化，缺乏对教师个体工作意义的支持和身份认同；由于缺乏调研，所组织的学科研训活动已经不能满足教师和学校的实际发展需要；教研工作与教师成长、学校发展思路并不吻合，甚至出现许多矛盾。在活动组织上，往往“就事论事”，随意性、孤立性、碎片化现象严重，缺乏整体规划，忽视教研活动的系统性、完整性、逻辑性；活动形式单一，枯燥无味；形式主义的公开课教学，教师缺乏互动参与，活力不足、效果不佳。这些都在一定程度上违背了教研实践的规律，影响了区域教研质量和效果，也阻碍了教师的专业成长。新课程改革倡导自主、合作、探究的学习方式，主张一种平等互动、对话生成的教学过程。新的学习方式也呼唤传统教研组织文化的嬗变，即呼唤一种教师间的协作联合、互动体验、参与融入的教研机制。教育部刘利民副部长也要求“探索建立多种形式的教学研究共同体，广泛开展联片教研活动，促进城乡、校际间教学交流与互动，逐步形成区域性的惠及所有学校的教学研究网络”。随着新课改的深入发展，教研机构滞后的管理机制已经暴露出许多问题，面临许多挑战。我们只有重建升级、转型创新，才能更好地引领学校校本教研的发展，促进教师的专业成长。学科中心组的构建为教研员教研方式的转变提供了新的理论视角，体现出教师的自主性组织和针对性研究，有利于激活教师参与教研活动的积极性，强化教师在新课改实施过程中的主人翁意识。

4. 教研共同体的构建是加强教研员队伍建设的需要。作为“教师的教师”，教研员是教师专业成长的领跑者、服务者和促进者，教研员的专业素养影响着教师的学科发展水平。新课程改革越深入，越要求教师提升专业素养，更新教学观念，对学校教研工作也提出更严峻的挑战。教师的专业成长需要专业化的教研员队伍，如何提升教研员队伍素质，优化教研方式，成为当今基础教育改革的重要课题之一。目前教研员队伍建设还面临着许多问题，主要表现是教研员教育理念更新不及时，教研方式创新性不强；不注重学科活动的创新，活动形式单一；随意性、孤立性、碎片化现象严重，缺乏整体规划，忽视教研活动的系统性、完整性、逻辑性；研究例行公式化，枯燥无味。教研员滞后的工作方式与一线教师教研需求之间还存在着较大差距，教研工作思路与学校发展、教师个体成长并不吻合。有效教研企盼对传统教研弊端的变革，呼唤教研员队伍素质的提升，因此教研共同体的建设也就成为加强教研员队伍建设的内在要求。教研共同体壮大了教研员个体的力量，延伸了其工作职能，是顺应新课改新形势教研员角色转换的必然产物。

第三节　区域教研理论基础

区域教研是教研改革的基本形式，其基本的理论基础如下：

一、教师专业发展阶段理论

美国学者福勒于 1969 年编制了问卷《教师关注问卷》，拉开了研究教师发展理论的帷幕。众所周知，就分类来讲，划分依据不同，划分结果则不相同。关于教师专业发展的划分阶段，学界根据教师专业发展划分为以下几种：

1. 执教前关注阶段。这个阶段的教师还未正式走上教学岗位，关注的是教师自身知识的储备等。

2. 早期生存关注阶段。教师初入职场，需要经历角色转变，比较关注自己在职场的生存状态。

3. 教学情境关注阶段。这个阶段的教师已经经历了初入职场的适应期，开始关注自己的教学质量。

4. 关注学生阶段。这个阶段教师真正开始融自己的职业与生活为一体，意识到真正关注学生对自身职业发展的重要性。

根据教师教学水平的成熟度将教师专业发展划分为新手阶段、熟手阶段、经验型阶段、专家型阶段，每个阶段经历3～5年的时间周期，应用这一划分结果的研究者很多。

学界根据人生理周期成熟和发展的过程，将教师专业发展划分为不同阶段，具体可划分为几个阶段，不同学者有不同看法。比如三阶段：初步发展阶段、黄金发展阶段和面临结束阶段；比如八阶段：经历职前准备、入职等阶段，最后到职业生涯的结束；再比如五阶段、四阶段等。

虽然教师专业发展的阶段有不同划分结果，但是可以看出的是在教师专业成长的过程中，除教师自身外，学校、学生、同行等外部条件因素对教师的发展都有着非常重要的影响。教师的成长正是各种复杂因素交织在一起影响的结果。

区域教研的开展，能够创造一种条件将这些因素统整在一起，并根据每个教师发展的特殊性提供不同程度的促进作用。再者，根据教师专业发展阶段理论，教师在职阶段的学习是影响教师发展最重要的阶段，区域教研是实现教师在职期间学习的重要途径，在区域教研中拓展教师视野，促进教师主动将自身融入一个更大的环境中规划自己的事业发展。所以，区域教研促进教师学习的理论依据首要的则是教师专业发展阶段理论。

二、行动研究的理论

行动研究最早兴起于20世纪中叶，是针对教学实践中产生的问题，由研究人员和实际工作者共同参与、互助合作的一种科研方法。该方法倡导按照计划和步骤一边行动一边研究。行动研究的课题一般源于实际工作需要，是在实际工作过程中进行的研究，通过研究不断促使研究成果为工作者所掌握、应用，从而推动问题的解决。行动研究具有“情境性、合作性、参与性、自我评价”等特征。

区域教研活动的开展需要在实践中不断积累经验。只有实践智慧的不断提高，关于区域教研运作的理论才能不断丰富。区域教研的核心载体是教研共同体的建设，建设过程中需要解决的问题比较多，如共同体如何培育、运行、保障、评价，如何构建互动、合作、共享的现代教师研训方式，这都需要在实践中进行行动积累，不断趋向完善。

三、团队理论

团队理论最早源于日本。二战后，日本在工业技术领域，通过企业团队合作，创造了发展的神话，汽车、电子等多个行业反超欧美。其迅速崛起的工业技术，让世界学者聚焦日本，研究其竞争力的核心——团队，“团队”概念正式被提出。有关团队的内涵界定，比较权威的是美国著名管理学家斯蒂芬·罗宾斯在《组织行为学》教材中的定义：“团队是由至少两个人组成，为了特定的目标，相互作用、相互依赖，按照一定规则结合在一起的群体。”也有许多学者提出不同的定义。如乔恩·R·卡曾巴赫、道格拉斯·K·史密斯认为：团队是高效组织应付环境变化的最好办法之一，团队就是由少数有不同技能，愿意为了集体的目标，按照特定的规则和方法，相互负责的人们组成的群体。桑德斯特洛姆戴穆斯（Sundstrom DeMeuse）和福特瑞尔（Futrell）认为：团队不是简单的多个体集合，而是由一群成员组成的团队，每个成员都归属于该集体，他们通过互相依赖完成任务，共同为结果承担责任。该团队“是镶嵌于一个或更多个社会系统中的完整社会实体，他们的关系管理超越了组织边界，简单说，团队是可跨部门，跨区域的”。

从以上各学者对团队的定义，我们可总结关于团队的几个核心要素：第一，团队至少要有两个成员组成。第二，团队要有共同的奋斗目标。第三，团队内各成员之间要互相配合，成员间的工作能力优势互补。由此可见，团队是合作的一种高级形式。只有相互合作形成凝聚力，才能发挥战斗力，凸显整体优势。区域教研的共同体团队，其建立和运作同样适用以上理论。

四、学习型组织理论

在信息与知识逐渐成为重要战略资源的信息时代，学习型组织理论应运而生。学习型组织理论最早是麻省理工学院彼得·圣吉（美国）教授在《第五项修炼》中提出。该理念认为：“未来真正出色的企业，将是能够设法使各阶层人员全心投入，并有能力不断学习的组织。”构建区域教师教研共同体这种学习型组织，可促使该区域全体教师参加研修。构建的区域教师学科教研也是个微型学习型组织，同样适用该理论。

第二章 区域教研改革

第一节 区域教研改革的背景

一、国外关于区域教研的研究

由于不同国家的教育行政设置不一样，国外文献中对教研室下属的县（区）域学科教研单位并没有多少涉及，但是对于学习团队或者学习共同体方面却有较多的研究。国外对专业学习共同体的研究始于20世纪80年代末，当时美国教育学者认为：学习共同体是一个团体，由学习者和合作者（包括专家、教师、辅导者等）共同组成，该学习团队构成是为了完成某一项学习任务。他们在完成该共同任务的过程中不断地交流、对话、协商，分享各种学习资源和经验。成员之间形成一种相互促进的人际关系。国外学者对教师合作共同体的研究涉及意义、特质以及实践操作三个方面内容。

一是关于学习共同体文化氛围方面的研究。如美国学者珊·J·罗森霍尔兹第一次提出了教师的工作环境对教学质量会产生一定的影响。教师间共同工作、彼此学习、相互交流、分享知识的过程对每个教师个体成长影响较大。1991年富兰（M. Fullan）和哈格里夫斯（A. Hargreaves）也通过研究论述了教师工作环境的重要性。他们认为教师合作的环境和氛围可增加教师的确定性和归属感，当教师的专业发展变成一种集体共同行为时，教师个体会更加积极地学习专业知识和技能。

二是关于学习共同体特质和建设意义研究。博耶尔（Ernest L. Boyer）1995年发表《基础学校：学习的共同体》的报告，他认为学习共同体应具有这样的特质：成员之间拥有共同愿景、有合作意愿、彼此进行交流、人人之间平等、遵守学习纪律、关注学员、有愉悦的气氛等。路易丝·斯托尔（Louise Stou）、雷·波尔姆（Roy Bolam）、艾格尼丝·麦克马洪（Agnes Mcomahon）等人（2006）认为专业学习共同体有以下几个特质：有集体责任感、共享价值和观点、经常进行反思性的专业质疑、参与合作、形成团队与个人学习。霍德（Hord. S. M）也提出教师专业学习共同体的五个维度，他认为教师参加学习共同体是促进其专业成长的有效路径。

三是从学习型组织的角度研究，这方面研究成果比较多。该类研究成果倡导改革教师群体的关系，该理论基础是系统论。代表人物包括圣吉·彼得、罗宾·布鲁克·史密斯、保罗·克拉克，以及他们的学习型学校、学习型系统等。霍姆斯小组于1986年提出建立教师专业发展学校（简称PDS）推进教师专业发展的建议，这种形式也逐步成为美国学校进行教师教育的主要形式之一。

二、国内关于区域教研的研究

目前文献对区域教研研究并不多，但结合诸多文献中对学科共同体发展和教研机构转变两方面的研究，我们可以将两方面研究结合起来进行梳理分析，这对区域教研以及教研共同体建设的研究有重要参考价值。文献中对地方教研机构及其引领下的学科共同体的研究，较多地集中在讨论其功能作用、操作方式、制度建设和经验做法等几个方面。

一是关于内涵的研究。有学者认为地区学科中心组“属县区教研室直接领导和指导下开展活动的类正式性组织”；也有学者认为教研共同体是“学科骨干教师‘工作坊’”；有学者认为区域学科共同体的特质包括“学科愿景建立、学科制度建立、学科资源通用、学科平台共建、学科任务分合、学科成果共享”。他们认为县（区）域学科共同体是由相同或相近学科全体教师组成的教研一体化团队，它不是辖区内各校教研组的简单相加，而是一种基于协作关系的区域教研共同体、教师的学习共同体和发展共同体。该教研共同体建设是在新课程标准的引领下，围绕共同教学研究的主线，遵循教学资源有效共享的路径，为促进全体学科教师专业成长和学校平等发展为目的。其研究对象是新课程实施中各校面对的共性问题。教研共同体遵循“共建、共享、共赢”原则，实施资源共享，优势互补，促进辖区内各校教育均衡发展。

二是有关构建路径的研究。有学者倡导组建多元团队，形成教研共同体不同层次的组织网络，如构建“三级教研网络”（校本教研、联片教研、区域教研）。理论界对各层次教研团队研究也较多，要求团队成员明确分工、各司其职，以保证整体及片、校教研共同体工作的正常有序进行。在建构中要求规范管理机制，抓细过程管理和监控，坚持发展性评价等。

三是有关功能价值的研究。理论界研究学科教研共同体作用，主要针对其所组织开展的大范围的教研活动效果，阐述其价值意义。加强学科共同体建设，有利于打造教研一体化。它面向基层，针对性强，强化一线教师全员性、主体性、参与性；充分优化整合县域优质教育资源，积极发挥骨干教师在教改中的研究、指导和辐射作用，通过示范引领、同伴互助，促进每个成员的素质共同；强化成员间团队合作意识，为教师成长搭建了更大的交流平台。有利于教师开阔视野，增强合作意识、共赢意识，共享县域教学资源；以学科中心组教研活动拉动基层学校教研教改、师资培训和教育科研，有利于推进各校校本教研的深入。通过示范带动、城乡联动、区域互动，促进区域教育深度融合，实现城乡教育均衡发展。

四是有关职责任务的研究。有学者认为中心教研组在教研员授权下实行间接管理，如认为宏观任务包括制定教学管理目标（根据本区域学科教学情况，制定教学管理总体目标和具体工作任务，把各学科行动方案分解在日常教研活动中），教学管理内容（统一进度与要求，教学诊断，解决疑难，提炼策略并示范，提升工作热情），教学管理的途径（制定本学科好课标准，组织开展教研常规活动，组织好全县性的说课、会课、学科教学论文评比等竞赛活动，组织好各种阶段性考试或调研测试的质量分析会议，发动全体学科教师参与课题研究）等；微观层面包括对教研员工作策略、教研员培养、其他学科中心组成员的职责任务等。此外，还有对成员内部关系和加强团队建设研究方面的论述。

五是有关活动策略的研究。关于完善教研策略、创新教研机制方面研究，理论支撑较少，文献多为各地区经验性总结介绍。各地开展的教研活动丰富多彩，有基于主题式互动教研，有借助项目抓手，有依托名师工作室，有借助学科基地申报，有通过课题研究，也有依托现代技术、借力互联网助推网络教研共同体建设。活动策划人大多主张打破时空限制，创新教研平台，开展网络研修。从活动形式看，内容丰富，形式多样。如外出研修、同课异构、专题讲座、范课展示、抓好“三课”（说课、上课、评课）、送教下乡、调研视导、学科论坛、专项研讨、名师大讲堂、主题培训、基本功大赛、教研组评比、读书沙龙、课题研究等形式广泛开展；有教研员联系学校制度、蹲点调研制度等。

六是有关保障机制的研究。理论界普遍认为，建立完善有效的制度是县（区）域教研顺利开展的保证。包括组织保障（完善组织网络，成立领导小组负责策划、调控、考核、表彰；专项工作小组负责过程管理）；机制保障（立章建制、规范要求，保证县域校本教研的科学化、规范化和制度化；民主制度保障（构建“开放、民主、高效”的教研机制，保护教师研究的积极性和创造性，增强教师职业自信，让教师大胆交流、表达思想，充分肯定教师的研究，不能以权威束缚教师个人见解，给教师尽可能多提供充足机会和宽松的环境，让教师充分表现，不断创新）；人力保障（从学校遴选学科素养高、研究能力强、乐于敬业奉献的教师作为成员，完善考核激励机制，颁发证书，职称评聘优先，培训优先）；服务保障（集中各方面力量，形成整体服务合力，为教研工作开展创设良好的教研环境，提供经费以及良好的硬件等物质保障；完善奖励机制，充分调动和激发教师参与教研工作的热情）；等等。

从以上文献分析可看出，学界对学科共同体发展和教研机构转变两方面的研究比较多，也有少部分研究者提出“地区学科中心组”概念，但是很少有研究从构建区域教研共同体角度，探讨如何加强自身建设来推进区域教研发展。随着教科研训“四位一体”研训理念成为主导，县（区）级教研机构功能已经发生转型，教师发展中心等研训新主体出现，加上“互联网＋教育”新时代的到来，县（区）域教研共同体和运行策略也要发生很大的变化。如何在时代和课改发展的新形势下，更好地探寻区域教研的实施路径，对教研机构工作方式转变和教研员的专业发展起到一定的借鉴价值，这是本研究的核心所在。

三、顺德区开展区域教研的背景

顺德区于2014年整合了区教研室、教师进修学校、电教室，成立了教育发展中心，其目的是加强对中小学校教育教学研究、指导和服务功能。

1. 顺德经济新型工业化发展对顺德教育发展提出了挑战。顺德经过四十多年改革开放的发展，形成了以民营经济和实体经济为主体的产业体系，产业集群特色鲜明、自主品牌实力雄厚，成为全国著名的制造业之都，拥有美的、格兰仕、联塑、碧桂园等一大批知名企业。随着经济社会现代化进程的加速，顺德新型工业化发展的定位从“顺德制造”向“顺德智造”进行转变。基于顺德经济社会发展转型，顺德教育发展方式、内在结构、教育模式也需要做出相应的调整。因为推进新型工业化，科技是关键，人才是根本，归根结底是要提高基础劳动力素质，以增强对于经济发展的适应力。

2. 大湾区发展对顺德教育转型发展的挑战。粤港澳大湾区的建设必然要求顺德教育向新型城市教育转型。教育作为重要的公共基础服务要素，在新一轮高质量发展过程中，粤港澳大湾区教育发展的竞争将会更为激烈，在同台竞技中也为相互交流、合作提供了条件。要在竞合中保持、发展和凸显自己的优势，顺德教育必须适应形势变化，应对经济一体化发展的挑战，课堂教学的改革势必要走在教育改革前列。

3. 新型城市化对顺德教育转型发展的挑战。随着城市化进程的加快，农村人口、外来人口不断向城镇聚集，带来顺德社会的新型城镇化。随着顺德新型城镇化发展，学校教育的生源也发生了改变，顺德教育必须面对这种外来务工人员子女融入顺德生活的现实，务必面对这部分孩子素质教育的均衡优质发展的问题，这对教育培养人才的主渠道——课堂教学提出了新挑战。

4. 学校课堂教学改革调研的结果所反映的问题。

（1）教师的素质有待提高。近年来顺德区对教师培训的力度不断加大，但随着课堂教学改革的深入推进，教师在解决复杂的教育教学问题中表现出难以适应的现象。调查发现，大部分教师对新的教育教学理念的认识仍停留在思想认识层面，对于这种理念如何转变为教学行为缺乏清晰的认识。

（2）教学模式操作形式化。随着新课改的不断深入，各学校都积极探索新的教学方法，在课堂教学方面涌现了众多崭新的教学模式。在执行过程中，如果教师能深入理解和贯彻教学模式所蕴含的先进教学理念，如果这些教学模式在操作过程中能与学校实际有效结合，并得到灵活运用，必然能引领课堂教学改革的深入发展。然而，调研发现，目前在教学模式的实施过程中面临的最大问题是操作形式化，以及由此引发的课堂教学低效甚至无效的问题。具体表现在：一些教师对教学模式所蕴含的理念及其基本过程缺乏深入理解。在课堂教学中，一些教师把教学模式仅仅当作一种形式化的手段加以运用，对教学模式的关注遮蔽了课堂教学的原始目标，使教学模式的实施缺乏应有的成效。

（3）对教学理念的理解存在偏颇。教学理念是教育者在科学解析教学现实的基础上形成的对教学活动的基本态度和观念，它对教育者从事教学活动具有重要指导价值。指导顺德区基础教育的教学理念主要集中在有效教学、高效课堂、自主探究、合作学习等主题范围内，集中反映了顺德区课堂教学的良好态势。但是，在调研中也发现，很多学校领导者和教师对上述教学理念缺乏合理的认识，导致课堂教学无法达到预期的目标。比如，在对高效课堂的理解上，有些校领导将高效课堂定位于以最小的教学投入获得最大的教学效益，从而导致课堂教学中教师和学生高度紧张和疲惫。也有教师将高效课堂看成学生能高效学习、当堂达标甚至超额完成教学任务的课堂，从而在教学中一味地追求当堂学习的“达标”，而忽视了蕴含于教学中的伴随性的、过程性的、潜隐性的教育教学影响。在对新旧学习方式关系的理解上，有些教师认为目前倡导的自主探究、小组合作等学习方式就是先进的，是应该倡导和采用的。

（4）学校文化建设意识不强。学校文化建设成为学校教学改革中的一项重要举措。很多学校在文化建设方面不断创新，使学校的自然环境和人文环境有了改观。然而，调研中也发现，大部分学校文化建设意识不强，对学校文化建设的意义和途径认识片面，在实施过程中使学校文化建设仅仅停留在美化校园环境，更新墙壁文化、走廊文化等最浅表的物质层面，而忽略了统筹物质文化和精神文化以达到文化育人、内涵育人的本真目标。

基于此，2016 年，随着社会经济的发展，顺德启动了新一轮教育综合改革工作。随着新一轮教育综合改革深入，对教师研训要求的越来越高，传统教研员因个人力量势单力薄，已难以应对日益复杂的学科研训工作。2017 年顺德区教育局下发了《关于推进区域教研教改发展工作的指导意见》（顺教［2017］63 号），明确提出：坚持以系统发展思想为指导，围绕我区“树立标杆，面向广深，打造珠三角教育高地”的教育发展目标，以改革完善教研机制为突破口，以进一步加强教研队伍建设为抓手，构建以区级教研为核心引领，镇（街道）、学校教研协同的“区—镇—校”一体化的区域大教研体系，充分发挥区教育发展中心在教育研究和教学指导、教研服务和教育质量监测评价中的作用，进一步明晰镇（街道）和各学校在教研工作中的职责和任务，引领和推动区属学校、各镇（街道）及中小学的教研教改工作，实现“全区教研、全面教研与全员教研”的“大教研”发展战略，以教研促教学，推动顺德区教育教学质量的整体提升，构建全新的教研工作格局，全面提升顺德区教研工作水平。

经过近三年的实践，基于“大教研”理念下的“区域联合教研”成效凸显。其标志是：一是完成了区域大教研理念下的联合教研体的构建，实现了区域优质教研资源共享；二是建立了联合教研模式，实现了基于数据分析的精准教研。

第二节　区域教研改革的意义

区域教研改革的意义包括以下几点：

1. 增强教研团队管理水平。区域教研是一个行政区域内，以区教研员为核心形成的专兼职教研员、学科骨干教师共同构建的教学研究的形式，也是区级教研机构下设的教研组织。其职责是负责对区域学科教研活动进行策划、组织、引领，保证研训活动有序开展。为了能更好发挥区域教研的引领作用，为区域学科发展和教师成长提供高效服务，区级教研部门需要思考如何对区域教研的教研共同体成员进行聘用、管理和考核等问题。对区域教研的研究，有利于增强教研团队管理水平，更好地发挥其功能，引领区域学科教研共同体的发展。本研究并不完全否定传统行政教研的积极作用，而是在传承其部分行政功能的基础上，赋予更多的团队意义。它更加倡导教研共同体成员之间齐心协力、同舟共济的合作教研生态，主张通过团队引领，构建一种民主开放、相互信赖、相互支持的合作教研文化，并争取找到一条实现区域教研、镇街教研室、校本教研之间的优势互补、资源共享、共同进步的教师研训新路径。

2. 促进区域教研组织建设。区教研机构对镇街教研和学校指导、服务的支点主要依靠各学科教研员发挥作用。各学科教研员通过强有力的组织，将区域联合大教研工作生动活泼地开展起来，这是教研机构指导和服务能力提升的关键。所以教研员工作的创新也必然会带来整个教研机构工作机制的嬗变，将增强区教研机构为教师和学校服务的能力，履行好其研究、指导、评价、服务的职责，更好地提升学校课程实施水平，促进教师专业发展。区域教研共同体建设的实践为研训方式的创新积累了丰富的经验，为区域大范围学科教师的培训探索出有效的路径，对增强教研工作的实效性、深化区域教研机构改革都具有重要意义。

3. 深化对教研员素养研究。教研员是“教师的教师”，在教育教改新时代，不仅要有深厚的专业素养、有较强的服务本领，而且还要善于创新工作思路，掌握足够的研训策略，这样才能持续有效地为教师专业发展续航助力。优秀的教研员不是天生的，需要有意识地挑选，需要科学培养，更需要自己的努力修炼。特别是作为区域教研的核心负责人，教研员自身素养和管理水平高低，对学科研究发挥功能影响较大，这也影响到整个区的学科研训，影响到学科教师的成长。顺德区域教研的研究是将理论运用于学科教研员的专业发展中，为学科教研员的专业发展提供了一种崭新的理论视角，并在该理论的支持下通过构建区域教研共同体来促进学科教研员的专业成长，提升其素养。

4. 丰富教师发展团队理论。随着研训新主体出现，加上"互联网＋教育"新时代的到来，区教研机构功能开始转型。如何在时代和课改发展的新形势下，更好地探寻"教科研训一体化"的实施路径。顺德的研究和探索是将对教研共同体的内涵、特征、发展动力、发展模式、内部运作过程、建构意义等方面展开综合、系统、整体性的研究，有利于丰富这一研究领域的理论。本研究还有可能发展出区域内优势教育资源的生成、辐射和促进区域教育均衡化的新路径，并对这新一路径进行理论与实践探索，也具有重要意义。顺德的研究对于丰富学科教研发展、教师专业发展、校本研究内涵等方面理论与实践上的探究具有重要意义，对同质区域也有重要参考价值。

第三节　区域教研改革的路径与策略

一、区域教研改革的路径

（一）整体布局规划，构建区域教研网络

顺德从区教研机构层面，构建"区—镇街—学校"三级教研网络，以教研共同体为载体，引领教师成长。顺德组建由学科教研员、学校骨干领导、教研组组长、骨干教师为核心的学科发展骨干团队，建立区、镇街名师工作室，传播学科理念和思想，构建顶层横向铺展的教研网络；各学校在镇街教研室的指导下，构建"教研室—科组—备课组—教师个人"四级教研工作体系，将教研工作整体思想纵向贯穿到教师，从而带动了大良中小学的教育教学研究工作。

顺德区在区域教研网络的构建上，制定出台了工作实施方案，详见附录《顺德区开展区域联合教研工作实施方案》。

（二）完善教研制度，凝练课堂教学改革核心点

从课堂教学改革长远出发，结合顺德区教育发展的实际，为保障课堂教学改革顺利进行，顺德区教研室制定出台了《教学常规工作指导意见》《特约教研员制度》《中心教研员管理试行办法》《中心教研员工作规范》《中心教研员绩效评价表》《兼职教

研员管理办法》《兼职教研员绩效考核实施方案》《学科教师工作室教研制度》《巡查督导视导制度》《教学质量薄弱学校和学科提升计划》《教学质量检测工作规范》《顺教学视导工作条例》，用制度引导学科工作室主持人、特约教研员，凝练课堂教学改革的核心点，以教法、学法、教学方法的变革，研究促进“核心点”变革的策略。制度案例见附录“顺德区三级教研员管理制度”。

顺德区以教研制度建设为抓手，促使区域教研形成务实有效的教研机制，形成直面教学问题、根植于课堂建设、促进每一位教师每一所学校发展的教研文化。区教研部门的职责是宏观调控、整合资源、科学管理。教研部门的职责是转变职能，深入研究、有效指导、全面服务、科学评估。

（三）聚焦课堂教学改革，开展主题教研活动

课堂改革首先聚焦在课堂教学结构的优化，倡导课堂教学改革应当突出三个转变：一是转教法；二是转变学法；三是转变评价的方法，并围绕“三个转变”，开展“同课异构、名课展示、青优课”等多种形式的实践活动，促进教学结构优化，开展有特色的“世界咖啡”主题教研活动，扩大教研效果。

活动案例见附录“立足学科核心素养，区域联动提质课堂——2019 学年初中历史大教研活动”和“教研引领　共促发展——2019 学年顺德区小学、初中、高中英语大教研活动”。

（四）典型引路，全面推进

顺德区树立在课堂教学改革工作中成效显著、特点鲜明、经验可推广的学校为典范，以典型引路，推广经验，扩大影响，全面推进课改进程。

1. 区域重大课题的引领示范。

2017 年至 2019 年是顺德区全面深入推进教育综合改革的重要时期，其中深化教研改革、课程改革，加强对学校教学业务的引领与指导，推进教师队伍建设，提升全区教育质量是改革的重点。这一重点工作以区重点课题研究形式，由教育发展中心相关部门承担研究任务。区教研室以此为契机，依托推行教育综合改革重大课题研究这一平台，开展了以下三个方面的工作。

（1）镇（街）层面：通过子课题引领各镇教育教研部门参与研究工作。区教研机构部门通过对区重大课题研究所涉及相关范围和相关工作，引领各镇（街）、学校积极参与到研究中来，开展相关的子课题研究。镇（街）、学校在教研室专业人员的带领和指导下，通过对教育综合改革重点课题的子课题研究，带动了镇、学校各项改革工作更加科学化，培育了一批具有科研素养的骨干教师。近 3 年，顺德区教师成功立项全国规划课题 1 项，省规划课题 33 项，市规划课题 160 项，区规划课题 302 项，并立项小课题近 1 000 项，资助科研经费达 600 多万。而在 2019 年广东教育教学成果奖获奖成果中，顺德中小学不仅在获奖数量上创新高，在获奖质量上也有大突破，一共摘下 14 项省教学成果奖，其中特等奖 1 项、一等奖 9 项、二等奖 4 项。2020 年，顺德区还

首次启动学生创新课题的申报立项，同时给予每项学生课题5 000元的资助，以期促进学生创新思维的发展和科学精神的培养，学生科研成果也将同步在每年的全区中小学生“科创节”竞赛活动中展示推广，并赋予学生课题指导教师“科研导师”激励，师生共同营造学校的科研氛围。

（2）学校层面：引领中小学校开展提升教育质量的课改实践研究。区域重大课题研究带动了全区中小学深入开展课堂改革实践研究，采取面向全区学校进行课题项目招标以及围绕区域课题研究内容设立课改专项课题两大举措，将研究工作分解落实到各实验学校，发挥了区域课题在学校层面的科研引领作用。

（3）整体上：提供教研参考信息，拓宽研究视野。为全区各级各类教育工作者提供较为完整、全面且系统的教育教学专题文献参考，自2017年编辑《教育发展参考》电子内刊，充分发挥科研智库力量，以“研究教育政策、分享先进经验、拓宽科研视野”的服务宗旨，聚焦教育重点、热点和焦点问题，围绕“政策解读”“思想引领”“经验分享”和“行动规划”定期发布，如“‘3+1+2’新高考模式与选课走班教学”“学生生涯规划教育实践与探索”“学校品牌化建设”“新时代劳动教育”“疫情期间的线上教学指导”等，为全区中小学校教育决策和教学改革提供了理论与实践参考，也为一线教师开展科学研究打开思路，拓宽视野。

2. 合作型课题研究的指导培训机制。

为深入引领镇（街）、学校开展教育科研，区教研室积极参与到课题研究中，通过直接承担课题研究或与其他部门合作指导两种方式创新教育科研指导培训机制。做法如下：

（1）直接承担重大课题的研究，在课题研究中与中小学合作，在合作中指导课题研究。直接申报省、市课题，主动参与或承担区重大课题，在课题研究中与中小学校合作，实现区域教育科研深入课堂，在一线的实践研究中落到实处。近年来，教研员（包括兼职教研员）、教研共同体成员围绕特色学校建设、学校课程建设、课堂教学改革等12个焦点项目，创建32所区级教育科研实验基地学校，每所实验基地学校在教育科研部门的指导下，以推进实验项目研究为主线，从挂牌科研、浸入式研究、定期分享交流，到成果培育以及推广应用，充分发挥教育科研实验基地学校的示范引领作用，打造科研品牌学校。7所学校被省教育研究院授予基础教育实验基地学校，其中6所被评为中期检查验收优秀单位。

（2）依托学科课题开展课题培训指导。科研培训是中小学教育研究的一项重要工作，贯穿于教研活动的始终，是教研工作顺利开展的品质保证。顺德区的教研培训包括集体培训及个性化指导，一是PBL问题导向学习、OBE结果导向教育、新课程改革教学方式和评价方式等教育理念培训；二是课题选题、立项、实施、结题、成果提炼等科研方法培训；三是科研素养提升和科研技能类培训等。在培训方式上，既有全区集体性的培训，邀请区内教师进行科研案例分享、科研成果展示及区外专家的科研指导讲座；也有收集每个课题组在研究过程中的科研需求，安排相应的专家库成员开展追踪式、贴地式、线上线下相结合的指导培训。精心安排的培训过程和丰富灵活的培训形式，为一线教师开展“深耕式”研究提供了思想和方法的保障，提升了区教研的品质。

3．科研主题活动的实践引导机制。

区教育发展中心通过每年开展的教育科研课改成果展示活动，从教研与专业两方面对学校、教师进行指导，逐步增强了主题活动的研究性，丰富了主题活动的科学与理论内涵。活动规划如下：

（1）开展区域教研成果展示活动。顺德区每年至少举办两次科研成果分享会，形成了“主题汇报—现场交流—集体研讨—课堂展示—反思提升”的教研模式。在活动前，教科室围绕主题收集材料，整理汇编成果集，为活动提供主题学习资料。各项活动都围绕主题展开，后经反思提升，形成活动成果。同时加大成果出版发行和推广应用的投入，近两年内已筹划出版《教科研成果的示范与引领——教科研资助的顺德经验》《区域课堂改革的新样态——顺德区基础教育课堂教学改革实践》《教师专业发展的新路径——顺德区教师专业发展梯级路径探索》等8本科研成果的专刊专著，凝练与物化了教育科研成果，让更多的教师从中受益。

（2）开展教研镇（街）学校两级调研活动。调研活动也是顺德区的一项创新科研引领机制。调研活动要协调多个部门的人员参加，调研活动为科研、教研、信息化建设的同步的综合调研，调研实施的过程就是一个引领示范的过程。没有调查研究，就不会有针对性的措施和解决问题的方法。在对学校教学工作调研的同时开展教科研工作的调研指导，使教科研的调研工作常态化。

二、改革的策略

（一）建设统筹兼顾的“区域大教研”网络

构建全区教研工作三级网络，包括“区教育发展中心—镇（街）教育局—各中小学校”三级工作网络，“区级教研员—镇（街）级教研员—学校教研员”三级教研员网络。区教育发展中心是全区教研工作的统筹组织实施部门，负责全区教学教研教改的研究和指导工作，并负责对镇（街道）一级教研教改骨干教师进行专业引领。镇（街道）教育局以及教研室配合区对教研工作的要求，积极主动参与区级教研教改活动，并结合本地校本教研中的主要问题，协助区统筹开展镇（街道）的教研工作。中小学校是教研教改工作的主阵地，其全体学科教师是“大教研”网络的基础力量。贯彻落实上级关于教研工作的部署，并结合学校实际，推进落实校本教研教改工作。

（二）搭建教研信息与教研资源的共享平台

围绕全区教育发展核心任务和学校发展需要，建设全区教育大数据库，推进信息技术对教研教改的强力支撑。重点搭建具有大教研自组织实时交流、教研教学直播、信息与资源共享等功能的信息平台，整合和优化全区教研资源的布局、配置和使用，构建全区教研资源共享机制。

（三）建设统筹互动的课题（项目）管理机制

以区教育科研经费资助为抓手，以基于教研教改促进教育教学质量提升为目的，建立课题（项目）研究机制。课题研究要源于教育教学实践，在实践工作中探索并形成解决问题的有效途径，研究成果能有效运用于解决教育教学中的实际问题。课题研究必须围绕全区教育发展要求和重点任务，包括在全区具有普遍性和引领性的教育问题，镇（街道）在教育发展、教育教学管理及区域教学改革创新中所遇到的问题或形成的经验，学校在教育教学质量提升及特色品牌打造方面的问题与经验等。规范课题的申报立项、过程管理、经费管理等环节，使科研课题为全区教育教学改革提供有力的专业引领和智力支撑。

（四）打造高素质的教研队伍

遵循人才发展与成长培养规律，以专项培训、课题引领、主题研修的多元系统培养方式，全面提升区、镇（街道）、校三级专兼职教研员队伍的整体专业素质与服务水平，打造一支名优区域教研队伍，培育一批具有较大影响力的拔尖教研专家。为实现目标，我们做了两个方面的规划。

1. 组建完善三级教研员队伍。三级分别是区级、镇级和学校。区级由专职教研员和兼职教研员组成。专职教研员由区教育发展中心各学科教研员组成；兼职教研员由区各学科中心组成员组成。镇（街道）级教研员（兼职教研员）由各镇（街道）教研员以及镇（街道）学科中心组成员组成。学校教研员（兼职教研员）由各中小学校学科教研组长组成，各校教研员岗位配置必须覆盖国家课程全部学科。

2. 加强教研员队伍的管理和培养引进。加强全区教研员的统筹管理。加大三级教研员之间的交流和实践锻炼力度，鼓励区级教研员深入学校一线开展教研工作，选拔优秀的基层教研员到区级参与课题研究，研究出台教研员聘任和交流制度。加强教研员队伍的培养引进和专业发展。制定教研员的专业成长计划，做好教研人员的培养；大力引进区外优秀教研人员充实各级教研队伍，积极展开与先进地区的教研交流，不断提升全区教研队伍的专业水平。

第三章　区域教研改革的成果与成效

第一节　区域教研改革的成果

一、形成了区域教研模式

区域教研作为一种教研的独特的形式，在引领区域教学研究上发挥积极的作用。这种独特的教研方式怎样操作？流程如何建构？

（一）区域教研模式的建构

1. 构建符合联合教研体展开的教研模式。使区级层面的教研思想在这个连续系统内得以延伸到教师个体。大教研理念下的联合教研是一个由区、镇、学校三个子系统形成的有机统一的生态系统，需要在推动子系统深入发展的同时促进子系统之间协同整合。教研不仅要关注与教研直接相关的实践领域，还要关注优化教研实践的支撑子系统。文献研究发现，与教研主体密切相关的教研取向可以分为实践、科研与反思三个组成部分：实践是教师教研活动的核心，教师教研实践知识的获得、教研效果的评价、教研能力的提高主要反映在教研实践过程中；科研是教师教研推进的动力，教研理论的创新、教研实践系统的设计主要反映在科研成果中；反思是教师教研知识的内化，教研经验的总结、教研心得的交流、认知结构的更新主要反映在反思过程中。

图 3－1 所示教研模式要点为基于调研诊断性数据，确定教研逻辑起点；基于教研视导检查的反馈数据，发现教研的薄弱环节；基于阶段教学测评的形成性数据，寻找教研的阶段成效。该模型服务于大教研体系全过程。教研模式落实的主体是中小学校（片区、集团），执行的过程在区、镇教研员、科研人员与中小学教师之间展开。联合

教研体（包括教师）在教研连续系统内形成内聚紧密的教研共同体，共同体内包括中小学教师群体、镇教研员群体、区教研员群体及相关支持群体，形成中小学教师群体之间、中小学教师群体与教研员群体之间的学科知识及技能之间的流动的组织模式，建构起了完整高效的“教改行动场”，促进了教研教改在不同群体之间流通共享，形成区域大教研的格局。

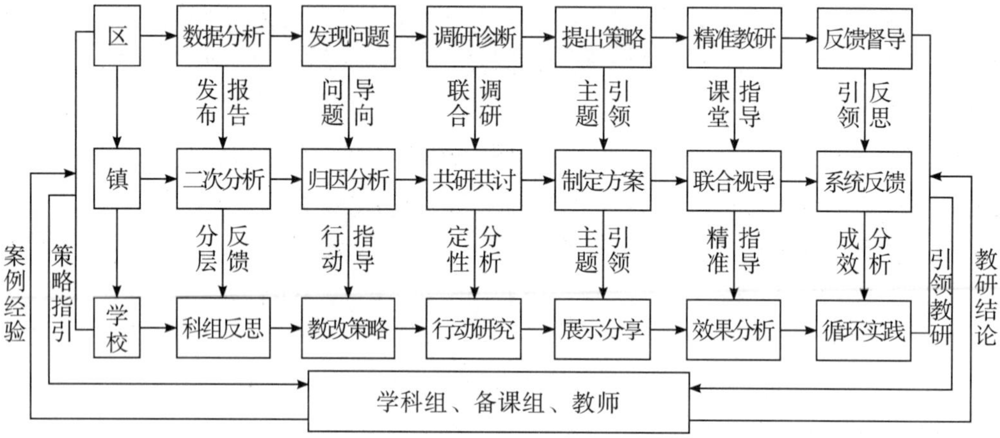

图3－1　**基于三种教研价值取向构建的大教研体系下联合教研的发展模型**

2. 构建优质教研资源共享的教研实施模式，引导镇级教研联合体开展基于问题的教研实践。在区联合教研体展开的教研模式引导下，指导镇教研部门建立基于问题矫正、符合镇域实际情况的实践型教研模式（见图3－2）。

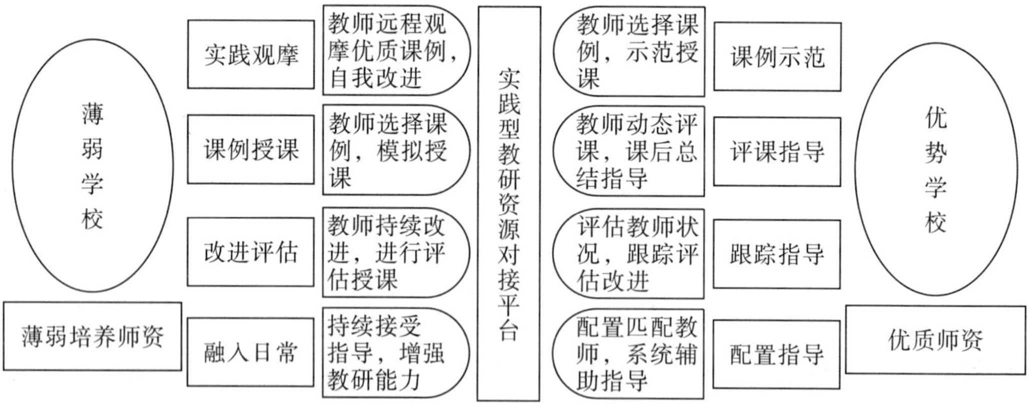

图3－2　**建立基于问题矫正、符合镇域实际情况的实践型教研模式**

该模式是基于数据分析下的、问题诊断后的、解决问题的教研实践，其目的是实现薄弱学校师资与优势学校优质师资的有效对接。实践型教研作为反映和有效提高教研水平的教研形式，是促进联合教研落地的有效手段。

（二）区域教研方式的探索

区域教研模式如何落地实施？顺德区教研室研究探索了一系列有特色的主题教研方式，落地实施区域教研。

1．跟进式区域教研：也称持续跟进式，也就是反思性课例研究，是指根据教研计划、教研目标，将过程划分为若干个阶段，每个阶段的教学研究再设计若干研究主题，每实践到一个阶段就进行反思、总结和交流，然后再进行下一步的跟进。在一次、再次、不断滚动递进式的实践研究过程中，同伴互助，互相引领，优势互补，形成集体跟进研究的态势。

（1）北滘教研室围绕“命题”这一主题，开展了系列跟紧式区域教研活动，活动案例见附录“开展命题研究与精准教学培训，打造北滘教学研究核心团队”。

（2）围绕小初衔接，组织开展了系列教研活动，活动案例见附录“聚焦语文学科特点　架起初小衔接之桥”。

跟进式区域教研每实践一次都要进行反思、总结与交流，再进行下一阶段的实践活动。因此，在培育区域教研共同体、聚焦问题解决、深度互动、实践内化方面，都有深刻的促进作用，有助于教研水平的提升，加快教师专业成长。

2．多点聚焦式教研活动。区域教研活动的最终目的是促进学校教育教学质量的提升，提高教师专业水平。多点聚焦教研模式，促使教研共同体成员从被动接受从上到下的形式主义教研，转变为自主参与教研活动，是探索教师自主发展的有效策略。

“多点聚焦式”的“多点”代表不同的视角、不同的看法和不同的做法。“聚焦”即将注意力或关注点放在一点上，或归于一点上，在此是指让这些视角、看法和做法在教师头脑中实现了交叉，就是不同的教师从不同的角度和不同方面解决同一问题。其特点有以下两点。

（1）以同一主题为核心。多点聚焦的基础是同一主题，即同一教学内容。只有确定这一主题，才能证明教师有一个共同的基础进行研讨，在研讨的基础上进行实践。须知，共性与个性是事物之间普遍存在的一种客观联系，只有在同一主题的引导下进行研修和实践，才能发现问题，解决问题，获得成长。倘若失去了同一主题这一前提，就不可能在三次不同的活动中一步比一步深入地解决问题，达到研修的最终目的，于是多点聚焦就失去了意义。

（2）以行动研究为基础。行动研究的目的就是应用科学的方法，解决教学中的问题。它关注的是特定情境中的特定问题，无须重视研究结果是否可推广到其他不同情境；无须关注研究变量的控制与操作。行动研究的主要目的就在于解决特定的问题，强调在研究的过程中，立足于自己的教学实际，把自己遇到的教学问题转化为教学研究课题，基于教学问题开展教研。案例见附录“学段贯通共教研，循源问诊抓质量”。

从上述活动案例中，可以看出，通过多点聚焦在三次活动中不断地发现问题，而教师的课堂教学水平、课堂教学智慧只有在不断的问题解决的过程中才能逐步地提高。所以，在发现问题之后，区域教研共同体研究需要明确问题的关键，决定问题解决的方向；在分析问题的基础上提出问题解决的方案，包括问题解决的方法和途径；最后通过一定的方法，确定所提出的假设是否可以有效地解决问题。问题解决的过程是一个复杂的心理过程。在多点聚焦研修活动中，我们或许会不断地尝试错误，通过尝试错误，发现解决问题的方法。

3. 互助分享式的教研模式：就是在组织活动时，围绕某个目标，或针对某一具体问题而设计。这一教研模式是以同伴互助为其理论依托，作为一种区域教研模式，主要集中在实践领域。它可以让教研活动内容定位在解决教师当下亟须解决的问题，集教研共同体内众人之力，在专家引导下，让教师在短时间内有针对性地解决问题。案例见附录“教学研讨助复习　经验交流促提升”。

（三）区域教研模式的实施策略

1. 建设三级教研网络，提升联合教研水平。

（1）发挥三级教研网络的作用。区教研室配齐各学段、各学科教研员，较好地承担了和完成了大教研理念下的联合教研工作。镇（街道）教育局建立镇级教研室，开展学科教研工作。学校科组建设成为学校管理的核心之一。校、镇、区教研三级教研体系，渠道畅通，统分协调，完善集中教研、分片指导的工作机制以及教学视导制度，保证了教研工作的正常、有序开展和教学质量的常规管理。

案例见附录“陈村小学语文‘3·3·4’教研体系构建”。

（2）加强区镇两级教研力量，实现联动教研效应。区层面设立9大学科教研组，各镇（街道）相应以“学科中心教研组”或“学科教师工作室”为名，组建镇级教研队伍，由学科骨干教师组成，是专职教研力量的补充，也是以教师为主体的教研教改工作的体现。区学科中心教研组带着教学一线的经验和思考，出谋划策，合作攻关，深入课堂，典型示范，讲课评课，为加强学科建设，解决课改难题，推进课改深入，指导青年教师，起到了特殊的作用，同时带领镇级教研员一起，以问题为导向，实施精准教研，联合视导，凸显了联合教研的联动效应。

（3）实现数据精准分析及管理，推进教研转型发展。实现区域教研水平的提升，就要把基于经验的传统教研活动，转变为大数据时代下基于数据的教研活动。整个教研过程要基于调研诊断性数据，确定教研逻辑起点；基于教研视导检查的反馈数据，发现教研的薄弱环节；基于阶段教学测评的形成性数据，寻找教研的阶段成效。为此，区教研员借助质量监测所采集的数据，积极从孤立的数据中寻找问题，从零散的数据中发现问题，在琐碎的数据中描述问题，借助系统的数据来解释问题，在大数据的支撑下通过数据的客观分析，提高教研的精准性，促进教研水平提升。

2. 深耕教研细节，聚焦教育高质量发展。

（1）关注常态教研，促进课堂内涵发展。通过建立常态研修制度，发掘、培育基于课堂的有效的教与学的方式，使课堂改革从形式的变化逐步走向内涵的发展。通过三级教研网络，指导镇（街道）教研关注常态教研，提高教学质量需要聚焦教师的日常教学行为。我们将常规教研内容的重点放在了课堂教学上，教研活动以集体备课、公开课、研磨试题为主。定期开展包括教材分析研究、复习备考研讨等主题在内的多层次、多角度的备课活动；定期开展基于新课程理念的课堂教学交流、研讨等教研活动。

在区镇两级的联合视导中，针对常态教学、常态题进一步开展课堂会诊，聚焦课堂展示活动，从而把有问题的课堂点出来，把有分歧的课堂论出来，把有效的课堂展出来，让有效的教与学的方式真正成为常态的教学行为。

（2）聚焦教研质量与内涵提质，促进教师教研能力提升。区层面的教研工作转向提质，使高质量发展落实在教研的细节中，通过课堂教学实践研究，教师课堂教学能力迅速提升，教育教学效果不断提高。通过课例研究将教育教学实践与理论相结合，形成教研成果并进行固化，既可以提升教研的整体效果，又能够将优质资源扩大化，为其他教研团队提供借鉴。几年来积累教研模式如下：

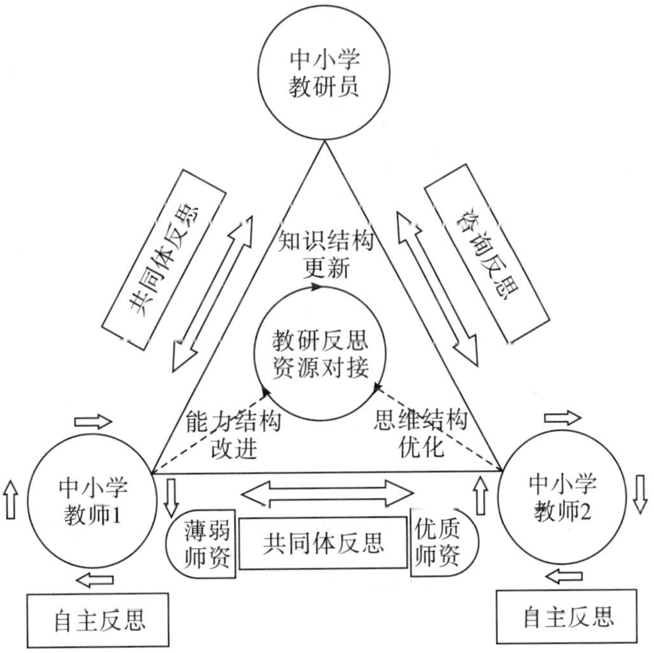

图 3－3　教研共同体概念示意图

以解决教学实际问题为目的的教学问题研讨式，即问题收集—资料搜集—同伴交流—专业引领。在交流过程中，教师个体之间、联片教研共同体中薄弱学校与优质学校教师，在教研员的指导下，通过以公开课为主要形式的教学课例反思式，即集体研磨—反思实践—再教设计—资源共享，促进教师更新学科知识、教研能力得到改进和提升、教学研究的思维结构得到优化，使得整体的教研内涵得到发展。

3. 建立基于数据分析的教研指导策略。

探讨通过大数据对每个教师的教学情况进行精准的诊断，为每个教师个性化专业发展提供私人定制，结合数据为不同层次水平的教师设计培训方案，是有重大意义的。把大数据转化为有效、有价值的教研信息，在教研实践中真正用好，是提升教师教育和教科研工作质量、推动教研范式和制度改进与转型的关键之处。借力于互联网技术和大数据的应用，通过教研制度的转方向、转内容、转机制、转方式，会更好地转变区域教研范式，使基层教师在课改理念、思维能力和学科修养上得到专业提升。

二、培育了一支区域三级教研模式下的教研团队

这支队伍的构成实现了多学科协调发展和交叉融合、培养复合型人才的目标。发挥以知识传递和知识共享为特征的团队的优势，通过人员选拔、绩效考核和团队激励等手段，打造具备可持续发展的高绩效的教研团队。教研团队以多学科团队成员之间的融合与协作为纽带，以深化教学改革与教育创新为举措，提高区域教学质量，并通过建立选拔机制、竞争机制、激励机制和完善管理等手段，创造宽松而严谨的学术环境，有利于建设创新意识强、教学水平高、协作精神好的高水平的教师队伍。

顺德区教育局和顺德区教育发展中心联合，乐从中学、罗定邦中学、顺峰中学、大墩中学承办，区教育发展中心教科室牵头会同教研室、教师发展研究室等部门组织，开展了三场分别为高中、初中以及初中到高中跨学段的跟岗研学活动，以集中培训学习和自主学习发展为主要培育形式。集中培训采取的是实践性较强的跟岗学习方式。

1. 跟岗研学对象：全区 22 所普通高中以及 50 所初中学校（含有初中部的跨学段学校）负责课改工作的行政和骨干教师代表，其中第一批 42 人，第二批 90 人，第三批 96 人。

2. 跟岗研学形式：采用“导师制”和“浸入式”的学习方式，活动形式包括活动体验、课堂观摩、聆听讲座、研讨交流、学习分享、查阅资料等，切实深入学校体验教学工作全过程，做到“有岗跟，有人跟，有事跟”。

3. 跟岗研学内容：分行政类和学科类跟岗。

行政类跟岗：创新拔尖人才培养和深化课堂教学改革的理念、思路和实践举措；

学校管理支持创新拔尖人才培养和深化课堂教学改革的实践经验分享；后疫情新常态背景下如何实现课堂转变和教师转变；创新拔尖人才培养和深化课堂教学改革与学科组（团体）建设、学校内涵发展；等等。

学科类跟岗：教师如何适应学校创新拔尖人才培养和深化课堂教学改革个案经验分享；后疫情新常态背景下教师如何进行备课、教学、批改、辅导等；课堂教学观摩、参与和研讨；科组教科研活动体验式学习；等等。

4. 跟岗研学成效：贯彻落实“立德树人”根本任务，以新时代中国特色社会主义思想为指导，学校课改专责行政及骨干教师采用“浸入式”的学习方式，深入区内课堂教学改革成果显著学校体验教育教学工作全过程，把“听、看、问、议、思、写”等自主学习行为整合为一体，切实领会课改先锋学校课堂教学改革工作的思路、方法、策略和措施等，提升了我区初中学校行政、骨干教师课改领导力，为全面深化我区中小学课堂教学改革培养了一支生力军。

三、 物化了一批中小学课堂教学改革成果

区域教研推动了中小学课堂教学改革，各中小学在三级大教研模式的引领下，在实施课堂教学改革上取得了丰硕的成果，通过举办课堂教学成果展示，又推广了区域教研引导下的课堂教学改革成果。

案例见附录“深化课堂改革，走进教育新时代”。

四、 构成了区课堂教学改革资源库

近年来，顺德在开展区域教研改革的路上，付出了大量的汗水和心血，各类各级学校百花齐放，各显神通，形成合力，构建了顺德教育课改的大格局。为深入推进顺德区中小学课堂教学改革，提升中小学教师专业素养和教学能力，展示中小学课堂教学改革的经验和成果，促进顺德区中小学课堂教学质量的整体提升，顺德区教研室先后举办了教师优质课评主题教研活动。例如：顺德区 2018 年中小学课堂教学改革优质课评比活动，分为“初评”“复评”和“终评”三个环节，其中“初评”由各镇（街）教育局、区属学校负责组织实施，通过遴选推荐参加区复评的课例；“复评”和“终评”由区教育发展中心教研室负责组织实施，按组别和学科分别对报送材料进行复评和终评，共选出 1 112 节优秀课例，按小学、初中、高中三个学段 39 个学科进行了复评和终评。经过专家严格规范、公平公正的评审，共评出特等奖 21 名、一等奖 58 名、二等奖 114 名、三等奖 157 名。

此次评比活动从广度和深度来看，既是全区第一次全学段、全学科课改优质课的大比武，也是对近年来顺德课堂教学改革的一次大检阅。活动为优秀教师课改教学搭建了展示交流平台，有效地引领教师的专业发展，促进顺德区教师队伍整体素质的提升；并正确引导广大教师要乐于钻研课堂教学，善于更新教育理念，勤于创新教学方法，不断优化教学过程，真正体现学生主体和教师主导，调动学生积极主动参与学习，提升学生学科核心素养。全区还组织开展宣讲送教活动，让优质课更好地发挥其辐射影响力，切实提升顺德区中小学课堂教学的质量和水平，为顺德教育的高质量发展贡献一分力量。

连续两年的优质课评比不仅促进了教师专业技能的提升，还积累了一批优秀的教研成果，丰富了区课堂教学改革的资源库建设。

第二节　区域教研改革的成效

顺德围绕实现“全区教研、全面教研与全员教研’的‘大教研’发展战略，以教研促教学，推动顺德区教育教学质量的整体提升，构建全新的教研工作格局，全面提升顺德区教研工作水平”的宗旨，构建了区域三级大教研网络，搭建了教研信息与教研资源的共享平台，建设了统筹互动的课题（项目）管理机制，打造了高素质的教研队伍，形成了完整合理、有机融合、可持续发展的区域教研生态。

（一）创新了教研员专业引领方式和途径

构建了符合区域联合教研体展开的教研模式，切实发挥专业引领作用。我们以课题型教研、比赛型教研、学习型教研等多种形式为活动载体，通过专题讲座、学术专题报告、教学技能现场展示、教学反思与交流、案例分析等多种有效途径，最大限度地发挥了教研员的专业引领作用。

1. 通过开展技能竞赛，在竞赛指导中开展教研活动。比赛型教研是致力于营造一种有利于教师专业自我成长的氛围，将教研的主要内容通过比赛的形式开展，使教研过程生动活泼，参加教师轻松愉快，教研效果持续有效。顺德区每年都会举行科学现场课堂教学比赛、创新说课比赛、教坛新秀评比等。这些比赛都是为了展示每位教师的教学技能。教师在这过程中展示自己的教学技能，同时在名师和教研员的点评中发现自己的不足之处，扬长避短，提升自我专业修养，为后续参与各类活动打下扎实的基础。

2. 通过组织专题学习活动，提升了区域教研的理论水平。通过充分运用不同的资源，为每一个参与者创建充分表达自我、与同伴交流的平台，形成开放有序、活泼自然的教研氛围。常用的模式有理论研讨学习式教研和专家对话学习式教研。

（1）理论研讨学习式教研。这个模式主要围绕教师的专业理论学习和教育信息交流所开展。教研的内容是现今教育最前沿的、最热门的话题，包括教育观念、理论、方法等。教研的目的在于调动每位教师的主动性和积极性，挖掘每位教师的潜力。

（2）专家对话学习式教研。教师由于受到教育经验和教育能力的限制，其反思难免存在局限性，因而反思的水平也会受到影响。适时适地地邀请专家进行讲座、指导、对话等，将教师对实践的反思与专家的理论分析相结合，再次促使教师对自我经验进行反思，扩大教师的视角和思考维度，大大拓展了教师的思路并提高其反思能力。

（二）搭建了教师专业成长的平台

区域教研自运行以来，为全区各学科教师搭建了平台，提供了舞台，也开设了擂台，铸造了站台。灵活的教研发展机制，良好的竞争氛围，让一批批优秀教师脱颖而出，实施新课程的能力不断提高，在各项教学技能竞赛中表现优异。两年来先后组织青年教师教学基本功大赛、青年教师优课评比、骨干教师优课评比、学科教师教学素养大赛等多项教学技能竞赛活动，活动充分展现出教师的风采，也挖掘了教师的潜能，激发出教师自我成长的内驱力，起到了以赛促教、以赛促研、以赛促学的目的。

以2017年为例，在“一师一优课”评比活动中，全区获部优课23个。2017—2019年三年来，顺德在全省中小学教学技能大赛中连续获得优异成绩，获得各级各类比赛奖项2 300多项，打造了一支学科骨干队伍。在这批名师引领下，各校后续骨干力量蓬勃发展，全区已经初步形成了一定规模、结构布局合理的名优教师梯队。为提升教师的理论素养，区教育发展中心还从不同层面为教师提供共读、同研的立体式全息化教师研训活动，定期举办读书沙龙、读书征文表彰等活动。在引领教师发展的同时，教研员、兼职教研员也获得较快发展。他们利用驻点调研的契机，积极为一线教师上示范课、开讲座。教研员的榜样示范和专业引领，为教师的专业发展加满油，鼓足远航的风帆。

（1）平台的搭建提高了学校教研整体水平。两年来区教研室教研员、教研共同体成员先后到薄弱中小学驻点调研。他们深入课堂，融入校本教研；开展教研培训，申报省市区级课题。他们根据顺德区课改和校本教研现状，通过部分课改基地的实践探索，推出了一批优秀教学成果。他们还编写了一系列区域性推进校本教研的制度，如《顺德区教育发展中心教研员管理试行办法》《顺德区教育发展中心教研员工作规范》《顺德区教育发展中心教研员绩效评价表》《顺德区兼职教研员管理办法》《顺德区兼职教研员绩效考核实施方案》《顺德区教学质量检测工作规范》《顺德区教育发展中心教学视导工作条例》《顺德区课程改革及教学成果奖励制度》等。完善的校本教研推进机制、立体全覆盖的教研网络、丰富多彩的广教研实践，改善了基层校本教研不足的情况，使原来教研水平相对薄弱学校在师资队伍建设和教学质量提高方面都取得了较大突破，基本上做到了校际资源共享，实现校本、镇际、区域三级教研的有效衔接和优势互补，构建起一种开放共享、充满活力的教研机制，极大地缩小了区域内学校之间的教学差距，促进城乡教育和谐共融，也为区域教育进一步优质均衡做出了贡献。在区域教研共同体引领下，各学科教研共同体运作良好。区域大平台构建，实现了教研的合作共赢，弥补了薄弱学校研修资源的不足。受全区浓厚教研氛围影响，各镇街、校健全了校本制度，加强教研组、备课组建设，多所学校教研组被评为区优秀教研组。浓郁的教研氛围也带来教学效益的提高，带来教学质量的大幅度提升。中考和高考成绩连年提升。

（2）平台的搭建加强了学科教研团队建设。学科中心组建设积极引领教研共同体发展，形成了比较稳定的全区学科教研共同体形态，初步构建了教研工作的创新体系。为教师研训提供成长互动的平台，帮助老师关注相邻合作，形成融合态势。营造一种开放包容、互补共长、合作共享的教研氛围，唤醒教师教研意识。也使教师体验到合作互学的乐趣，激发科研热情，促进专业化成长。学科中心组积极发挥名师效应，加强专业引领。经常组织学科中心组全体成员“走出去”开阔教育视野，让大家在“行万里路”的征途中交流、探索、进步。在对外交流与合作中，区教育发展中心立足区位优势，积极与省市名校加强合作，形成校际联盟共建机制，实现优质资源共享。全区 10 个镇街，积极开展教育联盟建设，教育联盟实现学校间的资源互通、共享，走合作共赢之路。为推进横向区域教研协同化，教育发展中心还以课程基地建设为抓手，加强教研团队锤炼。立足课程基地，开展基于教学需求的教、研、训横向协同发展培训机制。在区级课程基地建设中，每学期定期开展研训活动，实现了队伍、课程、科研的同步推进与提升。开展区域内各学科的联盟互动，初步构建了教研工作的创新体系，实现了以区域一体化优势提升区域教师队伍整体素质的目的。

经过两年建设和摸索，区教研室的各学科教研共同体已形成了教师教研的有效引领机制。初步打造成为本地域学科教研发展的指挥中枢、名师基地、资源中心、交流平台，能快速整合区域教育资源，集合全区教师智慧，广泛开展研修实践，加快区域教师队伍素质的提升。学科教研已经成为促进顺德区教育发展的加速器。

（3）平台构建了以教研共同体为主的三级教研模式。区域教研改革构建了教研、科研、培训、信息技术一体化的教研模式，最大限度地发挥了专业引领作用，实现了教研员与培训员职能有机整合、优势互补、角色引领、专业导航；构建了以区域教研共同体为主体，镇街组织、学校参与的三位一体联动机制；创新转变教研职能，形成自上而下、自下而上有效结合的研培机制。

（4）平台的搭建促进了教师的专业成长。区域教研改革实施以来，教研员及教师获省市级科研成果近 360 余项。

（三）形成了区域教研的新样态

1. 基于人才培养和较远质量提升的新形势，形成了系列区域教研性主题，符合人才培养和社会要求。经过两年的调整、完善、深化、提升，重点调整构建了基于教学质量提升的新主题教研，扩展了教研内涵形态，强化了教学研究与质量提升的机制，明确了专业指导职能定位，形成了区域教研的新形态。

2. 立足课堂教学，开展研究活动新课改。针对很多数学教师对新课程的困惑，顺德将教研内容的重点放在了课堂教学上，教研活动以集体备课、公开课、研磨试题为主。此外，还定期开展包括教材分析研究、复习备考研讨等主题在内的多层次、多角度的备课活动，定期开展基于新课程理念的课堂教学交流、研讨等教研活动。

（四）教研员角色实现了根本性的转变

教研员实现了从“权威者”向合作伙伴转变，从研究者向实践者转变，从管理者向引导者转变，从单向的信息传递向多向信息交流转变。

（1）学科教学的研究者。教研员是区域教研的学科带头人，肩负着引领课程教学改革、提高教育教学质量的责任，因此研究教学、不断提升自身的教学研究能力，是教研员的首要工作任务。

（2）学科教学的引领者。在开展区域教研改革过程中，教研员能在充满未知变量的课堂里准确把握教学规律，看到一般教师看不到的细节，因此他们需要以较强的专业研究能力成为区域教研教师的教学业务引领者。

（3）学科教学的评价者。教研员同时还肩负对区域教研、学校及学科教学进行诊断和评价的责任。从大的方面来说，作为评价者，教研员需要对区域内或某个学校的学科教学以及学科教师专业发展的整体情况进行评价，对整个区域内或某个学校的学生学习情况进行横向及纵向的评价，从而在整体上提出教学改进和促进学生学业质量提高的建议或方案。

第四章　区域教研的思考与展望

第一节　问题与思考

顺德区开展区域教研改革以来，在实践层面取得了一些成果，已经成为促进区域教师成长和校本教研发展的有效抓手。通过两年来的实践与探索，全区域范围整体推进了教研深入开展，我们认为制度建设是保障，专业引领是方向，协作联合是“车轮”，教研活动是纽带。由于顺德区域教研改革的时间较短，理论探索并不深入，随着许多新问题的不断出现，我们需要在实践中继续探索、不断完善。从区域教研改革运行的实践来看，还是存在一些问题，如区域教研共同体的管理、考核、监督机制等还不规范，各层级教研网络建设结构还不完善，常规教研培训吸引力缺乏、活动质量有待提升，信息平台的搭建还有待拓展等。这些问题的出现，也给区域教研改革的理论和实践提供了完善的契机。我们要重视这些问题，不断深化对县域学科中心组的研究和完善，努力探索出一条适合本区域教研发展的新路径。

（一）制度机制需要完善

制度是教研工作规范的前提，两年来顺德区教研室已经建立许多制度和规范，如：《顺德区教育发展中心教研员管理试行办法》《顺德区教育发展中心教研员工作规范》《顺德区教育发展中心教研员绩效评价表》《顺德区兼职教研员管理办法》《顺德区兼职教研员绩效考核实施方案》《顺德区教学质量检测工作规范》《顺德区教育发展中心教学视导工作条例》。下一步要继续细化区域教研三级层面的职责、分工，均衡教研共同体成员权利分配，完善科学规范的评价机制；加强教研队伍建设，不断完善激励机制；教研机构要为学科中心组活动与成员培训提供经费保障，保证活动有序，保证教研员的学习和进修；完善对教研员、兼职教研员、命题小组成员工作管理考核办法，全程关注教师的成长。

（二）区域教研改革推进需要整体设计和实践跟进

推进区域教研改革，首先要明确教育的本原，然后才能根据教育的本质诉求，依据教育、教学、课堂的路径进行整体设计。因此，实施区域教研改革，深化课程改革，理论要先行。这一理论应符合教育规律，立足本土实际。推进区域教研改革，更需要实践跟进，让践行者尝到改革的甜头，以此不断提高改革的内驱力，让改革变成学校、师生自动自发的行为。只有学校、师生真心想推行教育改革，才能使学校和师生发展水到渠成。

（三）推进区域教研改革需要行政推动和环境优化

顺德区教育行政部门、教研部门、学校、教师形成合力，全力以赴实施教育教学改革。区政府召开教育工作大会，积极倡导区域教研改革，走大教研和联合教研之路。镇街、学校是教育改革的第一责任人。

（四）推进区域教研改革需要抓住本质和遵循教育规律

区域教研改革虽然是对教学教育的研究，但是任何的改革最终都是落实在课堂教学的实施。顺德区教育教学改革突出“课堂重构”，在教师引导、点拨和调节的前提下，以生为本，真正实现先学后教、以学定教、以教促学，有效激发学生学习积极性，提升教学质量；突出“立德树人”，以养成教育为基础，以自主管理为核心，关注心理健康教育、感恩教育和家庭教育，强化学生的自我发展、自我成长，唤醒、启迪、激扬生命，设计并开展学生喜爱、贴近学生生活的活动，让他们从中受益，进而养成良好的品行，形成朴素的德性。也就是说，区域教研的改革最终是培育“人”的成长，促进学生成长才是教研改革的本质。

第二节　区域教研改革的发展

在日益注重校本教研的教育发展新形势下，构建区域教研区级教研组织，实现区域教研改革转型，促进教师专业化成长，是区域教研的目的。如何在现有的基础上有所提升，获得更大的教研质效，还需要在实践中深入探索。

（一）进一步强化合作意识，完善共同愿景

区域教研共同体是区域开展大教研工作的核心，其学术水平和引领方式决定了区域教研的品质和效果，所以加强教研共同体的建设，首先要建设一支高素质的名师队伍。这支队伍是区域学科发展的领导团队，他们要有先进的教研理想、教研理念。区域教研共同体将每个成员的价值追求汇聚成团队的共同愿景，这不仅增强区域教研的团体凝聚力，也对区域学科教师的教育价值观形成具有很强的引导作用。“不忘初心，方得始终”，每位成员时刻铭记该教研团队的目标使命，才不会偏离奋斗的方向。区教

研团队如何合作共享，这是一个需要在实践中不断探究的话题。

（二）完善规律制度，培育教研文化

顺德区开展区域教研改革两年来，已经制定了许多行之有效的举措，建立了系列规章条例。随着教研实践的不断深入，需要有更多的配套规范和教研规则出台并实施。这些规章有效保证了区域教研规范运行，将区域教研共同体的智慧凝聚一起，发挥大教研的整体力量。另一方面，区域教研的教研共同体虽然定位为正式的教研组织，但其仍具有“学术委员会”和名师共同体的特质。专家名师一般都具有“追求自由”的天性，让其严格遵守规章制度这些“刚性”的行为规范，一定程度上约束了教研骨干成员的行为，并不利于其积极性的发挥。所以对区域教研骨干要淡化行政领导方式，加强文化引领、思想浸润。

从区域教研改革的发展趋势看，也需要增强其发展内涵，致力于教研文化的建设。活动是教研文化的载体，实践是教研文化的动力，高效是教研文化的灵魂。

“打铁还需自身硬”，作为区域教研活动领导核心，区教育发展中心教研室负有对全区域活动进行设计策划、组织实施的任务。学科组每位成员的教学、科研、管理素养决定了该团队的“战斗力”。在前期人员遴选时，虽然制定出台了“教研员、兼职教研员、命题组成员”的遴选制度，注重学术影响力，吸纳了全区各学科骨干名师，保证了区域大教研活动的领先性、前沿性；但也出现了一些问题，表现在部分成员虽然学术威望高，但是活动组织能力弱，区域教研形式创新不足，教研、培训效果并不明显。在下一届人员遴选中，要继续加强教研指导者自身的建设，注重不同区域（镇街）的代表性，在注重学术、学科研究能力的同时，还要注重年龄结构（可引入个别优秀、年轻、充满激情和活力、有人格魅力、幽默、易受到大家欢迎的个人）等，保证引领者始终站在教改前沿，能引领区域学科教研活动不断提升层次。

（三）加强教研环境的支持

加强教研条件建设是区域教研改革充分发挥作用的重要保证，如学科教研骨干成员要有更多的学习和培训机会，才能开拓思维，不断更新思想，掌握课改发展的前沿信息。

加强对教研员和兼职教研员履行岗位职责情况进行全面考核；明确岗位职责，增强教研骨干的规范意识、责任意识、服务意识和质量意识；完善教研共同体档案管理制度，规范电子档案、文本档案、音像档案等分类整理，健全教研员业务工作档案，促进档案工作规范化；健全教师教学常规检查评定标准，督促各校教学管理制度的执行；适应新形势，修改完善“中小学先进教研组和先进备课组评定奖励办法”，使课堂教学效益的提升得以实施；继续规范教科研课题管理，加强对各级课题过程性检查指导；完善各项考核制度，规范集体备课统一要求，等等。

（四）研发区域教研的研修课程

培训课程是培训质量和效益的基本保障，教研员、区域教研骨干、校本教研的核心成员研修质量关键靠优质的课程。以往部分开发的培训项目与学校校本研修有重复，甚至不吻合，并不能引起老师的兴趣。甚至有时还存在着“为培训而培训”的应付式低效培训现象，降低了研训的品质和口碑。针对这种研修供需矛盾的现象，在以后的区域教研改革的实践中，一定要根据本地域学校现状和教师需求，积极开发高品质的研修课程。遵循教学规律，关注课改最前沿，聚焦教育热点，解决教学难题，力争要出精品，提档次，做到宁缺毋滥。积极构建特色课程，打造品牌课程，引入时尚课程，开发符合区域的地方课程。活动专题系列，内容丰富多彩，并以多样方式呈现，同时将教师参训情况纳入继续教育课时考核，保证出勤率。课程项目是研修活动的灵魂，不仅要求其内容符合教师的发展需求，而且要求其组织和参与方式也要吸引教师的兴趣，这样才能保证培训效果，才能促进教研队伍教研水平的提升。

（五）进一步优化区域教研团队成员

在区域教研共同体建设过程中，我们深切地感受到，教研队伍成员自身更需要加强建设，这样才能发挥更高层次的专业引领作用。从两年运行情况看，由于受“行政”色彩影响，团队对教研员依赖性过强，有的区域教研骨干甚至成为教研员的下属和帮手，自身的主导性还需进一步增强，才能引领区域教研深入发展。

（六）打造多元平台，创新活动策略

区域教研成效集中表现在其多元平台的构建。顺德通过引导，逐级建立包括区级学科中心组、区学科共同体、校际片区联盟、学校教研组、年级备课组在内的多维分级教研网络，通过校际教研、网络教研，突破地域局限，构建由点到面、覆盖全区域所有学校的教研网，从而打造一个开放共享、和谐互补、辐射全学区的多元教研平台。区教研室要加强对各级教研网的指导和引领，保证各级研修平台职责划分明晰，管理规范科学，运作正常有序。特别在教育技术网络化、信息化的新时代，要积极推进新技术与教育教研的深度融合，适应“互联网 +”新形势，借助“现代教育云平台”，打造智慧教研，促进区域教研机制的变革和教研品质的提升。

提升教师专业发展的着力点主要依靠丰富多彩的活动。教研活动的开发，一要顺应教育规律，二要符合教师需求，此外还要善于统筹规划，设计“系统性、完整性、系列性”的主题教研，改变“随意性、孤立性、碎片化”的陈旧教研理念。经“预设—生成—总结—再预设—再生成—再总结”，不断完善建构学科中心课题，融入教研活动各环节，保证教研内容的延续性、创新性、问题性。

第五章　区域教研改革案例

“顶层设计”：催生教研变革的力量

——大良课堂教学改革的实践与思考

单位：顺德区大良街道教育局教研室　执笔人：欧阳红

摘　要：2016 年顺德区启动了新一轮教育综合改革，其核心是把教科研摆在优先发展的位置，大力实施科研兴教战略，改革取得了优异的成绩。在这个大背景下，大良作为顺德的中心城区，在教育综合改革中始终走在前列。新一轮教育综合改革的切入点是“课堂教学改革”，从而提高教育教学的质量，办人民满意的教育。大良在开展课堂教学改革中，从做好顶层设计开始，变革教研形式，完善教研制，打造特色课堂，注重特色校本课程建设，走出了一条具有大良特色的教研之路。

关键词：顶层设计　教研变革

2001 年，我国开启了第八轮国家基础教育课程改革。大良街道教育人积极投身改革浪潮，不忘责任使命，勇于担当作为，以学生的发展为出发点和归宿，探寻将课改理念与本土实际相结合的改革措施，节点式地推进大良教育发展。历经艰辛探索和长途跋涉，大良教育跨入了立德树人、核心素养培育和质量全面提升的教育新时代。

一、基本情况

（一）背景缘由

大良是顺德区政治、经济、文化、商贸中心，在教育发展上，贯彻落实国家和省的中长期教育改革及发展规划纲要，紧紧围绕区域教育发展所提出的目标和重点，牢牢锁定“推进教育现代化”这一核心任务，优化管理，狠抓质量，着力抓好队伍建设和学校的内涵特色发展，各方面工作均取得新的进步。2000 年至今，共 18 次被评为“顺德区教育先进镇”，被中央电教馆定为中小学动漫教育实验基地，教育综合实力居全市、区先进行列，在教育教学的改革上取得了丰硕的成果。

经过艰难的教学改革的研究与实践，我们虽然取得了成绩，但是我们也清醒地发现，大良中小学课堂教学改革还存在着深层次的问题。教师专业素质出现了理论与实际操作相背离、教学模式形式化、对教学理念的理解有失偏颇等问题。比如，在对高效课堂的理解上，有些校领导将高效课堂定位于以最小的教学投入获得最大的教学效益，从而导致课堂教学中教师和学生高度的紧张和身心疲惫。也有教师将高效课堂看成是学生能高效学习、当堂达标甚至超额完成教学任务的课堂，从而在教学中一味地追求“堂堂清”的达标教学方法，但很多教师在课堂教学中无法达到这一要求。

当前，核心素养推动着课程改革向纵深发展，要解决课堂教学改革存在的上述深层次的问题，区域教研的价值日益显现，区域教研的碎片化、无序化、经验化已经不符合时代的要求，亟须转型。大良教育局教研室提出“精准教研”和“精准教学”的思路和策略，落实“研究、服务、成长”的教研理念，采取了一系列措施，有效推进大良教研转型，保障了区域课程改革的深入。

（二）推进的思路

1. 整体布局规划，构建大良教研网络。从街道教育局层面，构建“学校—学区—学科工作室”三级教研网络，以发展共同体为载体，引领教师成长。组建由学科教研员、学校骨干领导、教研组长、骨干教师为核心的学科发展骨干团队，建立街道名师工作室，传播学科理念和思想。9 门学科 22 个工作室，形成了顶层横向铺展的教研网络；各学校构建“教研室—科组—备课组—教师个人”四级教研工作体系，将教研工作整体思想纵向贯穿到教师，从而带动了大良中小学的教育教学研究工作。

2. 完善教研制度，凝练课堂教学改革核心点。立足于课堂教学改革长远发展，结合大良教育发展的实际，为保障课堂教学改革顺利进行，大良教育局制定出台了《教学常规工作指导意见》《特约教研制度》《学科教师工作室教研制度》《巡查督导视导制度》《教学质量薄弱学校和学科提升计划》，用制度引导学科工作室主持人、特约教研员，凝练课堂教学改革的核心点，以教法、学法、教学方法的变革，研究促进“核心点”变革的策略。

3. 聚焦课堂教学改革，开展主题教研活动。课堂改革首先聚焦在课堂教学结构的优化，倡导课堂教学改革应当突出三个转变（一是转变教法；二是转变学法；三是转变评价的方法），并围绕“三个转变”，开展“同课异构、名课展示、青优课”等多种形式的实践活动，促进解学结构优化，开展有特色的“世界咖啡”主题教研活动，扩大教研效果。

4. 典型引路，全面推进。将在课堂教学改革工作中成效显著、特点鲜明、经验可推广的学校树为典范，以典型引路，推广经验，扩大影响，全面推进课改进程。

（三）开展情况

大良的课堂教学改革通过顶层设计的宏观策略引领，经过“探索试行、实践生成、反思改进、深化提升”四个阶段，“精准教研”和“精准教学”的效益得到体现，“研究、服务、成长”的教研理念促使学校课堂教学改革发生了质的变化。

1. 探索试行。2008 年顺德区教育局印发《小学、初中教学质量评价方案》《关于进一步加强初级中学建设全面提升初级中学办学水平的意见》。在顺德区教研室的引领和指导下，大良中小学校积极参与课堂教学改革的实践研究，建立了片区联合教研组，分层次举办校长、教导主任、教师等多轮说、讲、评、赛课活动；承担了区教研室组织的多场教学改革公开课、视导课、教研课等活动，引领了大良中小学教师积极投入课改的研究中。大良的课改是从“临帖”开始，开展“搬桌子”行动，首先从形式上改变以教师讲授为主的传统课堂，积极探索新课程提出的“自主、合作、探究”的学习方式。教师教学理念、教学方式有了较大转变，但同时又陷入了片面追求热闹、理念与实践脱节、教师主导作用淡化、形似而神失的窘境。

2. 实践生成。在探索试行阶段，各中小学校从“临帖到搬桌子”，确实变革了教学形式，但是针对课堂改革出现的新问题，大良教研室积极创新教研管理的方式，提出“三级联动教研机制”，即“教研室—中心教研组—学校”，新的机制有效地推进了教学的改革实践。针对前期课改中出现的课堂效率低下、合作学习效率不高、学科核心价值凸显不够、存在“穿新鞋，走老路”等问题，发挥“三级联动工作机制”作用，研究、建构新课改理念下的有效课堂模型，走上“问题持续解决、经验点滴积累、成果逐步生成”的教育提质之路。通过实践探究，教学新意初现，各中小学校此阶段的课改精彩纷呈，涌现出各具特色的课堂教学形式，课改由临帖到搬桌子走上了自主创新之路，促进了大良中小学教育教学制度重建和区域课堂品质提升的探索与实践。

3. 反思改进。在课程改革进入深层推进的关键时期，我们通过调研发现有效教学推进未能完全稳定、持续显现作用，教学的功利化、形式化和机械化影响其提升。我们意识到“碎片式”地实施单项或局部改革，难以适应当前教育发展需要。经过反复论证研究，2013 年开始，提出“关注学生生命成长的整体教育改革”思路，确定“理念引领、培训引线，德育奠基、课堂突破，差异行动、文化塑型”的推进实施策略，以此解决大良教育改革方向、教师理念提升、学校德育创新、课堂教学变革等关键性问题。

4．深化提升。大良中小学校条件参差不齐，不同层次学校的办学水平和教学质量差异较大，实施效果极不均衡。为突破这一瓶颈，2015 年，大良教育局根据实际状况，提出“整合资源，抱团发展”的改革思路，确立了三种学校联盟类型，即教育集团、教研片区、初中大学区。各联盟（片区）成员学校在共同分析发展现状的基础上，制定联盟章程，拟定工作方案，细化工作措施，落实任务分工，推进各项工作，实现“扬峰填谷、资源共享、文化融合、共同提升”的发展目标。

经过四个阶段的课程改革，在课程理念、课程内容、课程评价上更突出了以学生为本的价值观，引导学校教育教学发生了鲜明的变化。

二、经验和做法

（一）做好顶层设计，夯实精准教研基础

1．重新审视自身职能，回归教研本位。研判大良教育的形势，明确教研室“深化研究，引领教学，提升质量”的“定位”和“研究、服务、成长”的教研理念。把教研室定位为大良中小学的课程研发中心、教学研究中心、资源建设中心和数据研究中心；系统提出教研工作的目标体系，以课程、课堂、教研、评价为重点，提炼高水准的学科思想，构建高效能的思维课堂，追求高品质的研究成果，打造本土的高水平的专家团队，培育高品位的教研文化。贴近一线需求，靠拢教育规律，深化专业研究，做中小学教研的“掌舵者”、专业研究的“引领者”、教师专业发展的“领跑者”，推进教研价值、方式的转型，从事务型向研究型转变，从管理型向服务型转变，从经验型向数据型转变。

2．磨炼教研素养，蕴蓄教研情怀。坚持育人导向、问题导向、成果导向，跨学段整合教研，建立教研协同合作机制。研究制定包括教育观念、专业素养、研究能力和服务精神在内的教研队伍素养标准，定期开展以学科名师工作室为引领的专业研究论坛，磨炼教师的“教研素养”，激发教研队伍的专业研究意识与情怀。组织学科工作室主持人、优秀科组组长外出学习、研修、跟岗学习，提升自身科研力和教研组织力。

3．重建教研体系，创新教研模式。强化系统思维和服务意识，重建以街道教研室教研为主体、集团教研（校际片区教研）和校本教研为两翼的三级教研体系，实施“主题化、序列化、系列化”教研模式，依托课例观摩和名师展示，基于数据与实证“双轮驱动”，开展精准教研。教研实施低重心运行，近距离服务，加强典型培育与推介，注重成果物化，以高品质服务中小学校课堂教学改革的多样化教研需求。各学校贯通“学校—科组—备课组—教师”四级教研网络，实施每周半日学科集中教研活动制度，落实“定时间、定地点、定主题、定主持人”的“四定”常规教研制度。

（二）以课程建设为抓手，培养学生的核心素养

1. 积极构建课程体系，让核心素养可教。

研究制定《大良特约教研实施方案》，强化学校的教研意识和课程意识，聚焦学生核心素养，引领学校加大课程统整力度，将国家课程、校本课程中各学习领域的科目按照基础型课程、拓展型课程、研究型课程三大类进行整合优化，构建与学校特色的课程体系。以满足学生的个性化需求为目标，加快课程开发，特别是以知识拓展、艺体特长和实践活动为主的拓展性课程，各校呈现出百家争鸣的创新发展景象。

例如，西山小学的绿色课程，基于学生生命的成长开发设计了系列主题活动。云路小学构建以“行”为核心的“做中学”的“行知课堂”，让学生在行动中思考，在行动中收获，在行动中成长，让学生用适合自己的方式去体验、感受、理解和领悟，在实践探索中主动构建知识。德胜小学的“融智课程”以国家课程为基础，以“校本课程”的开发为抓手，用主题活动承载课程内容的开展。其在教学中，通过“情境引领，激发求知；梯度训练，探寻方法；课间律动，调节思维；总结提炼，形成能力”四个环节，将学生的学习、生活与要掌握的知识、学习能力的培养相融合，以主题式的情景带动课程的推进，实现了情景与知识学习、思维训练相结合的教育功能，形成了个性鲜明的课堂教学特色。顺峰中学积极响应国家“核心素养”教育战略，稳步推进“和美人”核心素养体系建设，已经完成“核心素养”和美课程体系的全面构建，实现国家课程和校本课程的有机整合，基本做到了课程开设有课本，“核心素养”培养能落地。该校探索并实践线上线下、课内课外、校内校外泛在学习的“和学”模式，围绕“核心素养”制定并实施和美课堂标准，使之成了“核心素养”培养的重要途径，瞄准国家教育改革的方向，在区域学校中先行一步，在“核心素养”校本化、课程化与课堂化方面做出了有益的尝试和实践。

部分具有创新思想的学校领导者开始探求如何在既定的课程框架之下对现有的课程体系进行统整，在保障各级各类课程基本课时量的基础上，对课程体系和课程内容进行大胆整合，从而提升课堂教学质量，拓展学校的变革空间，形成丰富多彩的校本课程体系。比如：本原小学的“3 + X”课程体系，形成与之配套的“阶梯阅读课程”“心迹实践课程”“健康成长课程”等二十多种校本教材；西山小学的“梦想课程”系列；德胜小学的“大小课程”开发和设置及配套教材；实验小学的“拔萃”课程体系，形成与之配套的《生命之舞》《成长足迹》等教材；一中附小的“白玉兰”课程和家长课程；聚胜小学和山东鲁能俱乐部合作背景下的足球特色课程和教材；凤翔小学的地方文化课程和《咸水歌》系列教材；等等。课程的构建，提升了学生人文素养。努力培植特色课程，激发了学生的探究意识，增添了教育活力。

2. 推进课堂转型，让核心素养可学。

一是凝练学科教学课改理念。借助学科发展骨干团队，认真研读课程标准，深入研究学科课改的思想方法，保障学科教研优质发展，部分学校在课堂教学改革路上走在了前列，提出了明确的教学模式来指导课堂教学改革。例如，顺峰中学的“师友互助”课堂改变传统的教学模式，使“教堂”成为“学堂”。“师友互助”的课堂，强调通过师友合作，课堂环节的有效实施，让课堂成为全体学生都有机会参与学习的“学堂”。课堂上，人人有事做，事事有人做。有效教学的核心就是改变学生的学习状态。“师友互助”的课堂模式就是最大限度地把课堂还给学生，让学生成为课堂的主人。强调把课堂还给学生，不是意味着简单的“领地转让”，也不意味着教师无所作为，发挥学生的主体作用，绝对离不开教师的主导作用。西山小学科学STEAM教学模式、聚贤小学“345N启动型”教学模式、李介甫小学“激扬”课程、红岗小学数学分层教学模式、凤翔小学协同教学模式、养正学校分组分享合作学习课堂教学模式、凤城实验学校基于学生素质的“分层走班制”教学模式……教学模式的提炼和形成引导学校打破了“一讲到底”的传统教学格局，设计出特色鲜明的教学改革经验。

二是推进“思维活力课堂”转型。落实“为素养而教，为思维而教”的课改理念。借鉴“思维导图”的核心思想，全面开展思维课堂建设的理论与实践研究。召开思维课堂建设专题研讨。通过研讨，明确课堂教学改革的环节和关键点。在大良教研室和科学工作室的指导下，各学校从不同角度探索了课堂教学改革的方法、途径。

例如，养正学校先后组织了100多场课改研讨公开课和课改沙龙，为突破课改瓶颈提供了大量的有效信息资源，攻克了一个又一个课改难题。养正学校不断挖掘学习小组的功能，全力调动学生能够“自管”“他管”并“管他人”，三者之间相互激活。根据自主学习与学习小组建设的需要，完成了三个重建：一是重建教室环境；二是重建教与学的关系；三是重建教学内容。在此基础上，学校制定了《顺德养正学校课堂操作规范手册》，在操作层面上为教师更加高效地开展小组合作学习提供了有力指导，逐步构建了较为完善的课堂教学模式。

顺峰小学构建了以学生的“悦”为导向的“三悦”课堂教学模式。基本理念是乐学善思、好问悦纳。注重培养学生的合作探究能力，强调从学生的主观能动性去提升学生的综合素养，从而提高课堂的效率。课程的亮点是多彩多元的“三悦课型”：“悦学”英语课，“悦思”数学运用课，“悦纳”阅读课。

梁开中学充分运用互联网、大数据和智慧平板环境为学校教育教学和提尖培优工作赋能增效。通过智慧课堂促进学科教学的有机融合，实现课前、课中、课后全过程应用，从教学环境的数字化转向学习过程的数据化，让数据促进精准教学，利用智能空间实现个性化教学，提高学校教育教学和提尖培优工作的实效，促进学生学习方式的改革、教师教学方式的改进，从而促进学生的智慧发展、全面发展。

三是让课题研究回归教学实践。以课堂教学问题为原点，以解决教学问题、推进课堂建设为目的，倡导合作研究。以“发现问题—凝练课题—开展研究—论证展示—推广应用”为研究思路，重选题、重过程、重指导、重应用，低起点、小切口开展课题研究，切实解决教学实践中的焦点性、紧迫性问题。完善课题研究实施与管理办法，采取邀请专家辅导、区内课题研究成果展示的方式加强课题研究专题培训，提高课题研究能力。

3. 研制学业质量评价体系，让核心素养可测。认真研究中国学生发展核心素养体系，以核心素养为根本遵循，按照区教育发展中心的指引，构建中小学生学业质量多元评价体系，注重增值性和过程性评价。评价内容包括基础素养和学业水平两部分，其中基础素养评价涵盖学习习惯、写字水平、实验操作、阅读演讲、数学听算、英语口语、信息技术、音体美等项目的技能测试。各学科研究基于核心素养的学科学业质量评价体系，制定评价标准。如小学以“兴趣、习惯、能力”为着力点，培养学生的书写、阅读、数学思维素养，实行学生学科核心素养培养和监测的学段体系，为初中质量提升夯实基础。以学业质量评价体系为抓手，引导学校关注课堂教学的转向，引领教师培养学生的学科核心素养。

（三）以激活内需为动力，提升教师专业素养

1. 示范引领，专业发展。课堂教学改革归根到底需要教师落实到每一节课中，教师的专业研究能力是课堂教学改革取得成效的关键，以专业研究引领教师专业发展是便捷高效的途径。大良在促进教师专业发展方面，除了深耕顶层教研设计，更重要的是严抓教师专业发展。一方面，以项目研究驱动教师专业发展。印发《关于中小学项目研究工作室建设的实施意见》，各学科基于学科发展实际和目标遴选优秀教师，发挥欧阳红省名师工作室、高飞省名班主任工作室、潘惠红区名师工作室导师示范效应作用，带领9个街道层面名师工作室，指导校级名师工作室，形成“链条效应”，将教研的关注点转向课程、教师、学生，列出研究项目，全面开展专题深度研究和重点项目集中研究。开展课程体系构建、思维课堂建设、分层分类教学、互助合作学习、学段衔接教学的理论与实践研究。建立“项目负责制”运行机制、研究成果展示制度以及绩效考核体系，依据研究成果及业绩动态推进，对优秀工作室颁证、挂牌。同时，依托项目工作室策划、组织、承办国家级、省、市、区级教研活动，边研究边落实，真正体现问题导向式教研，提高教研活动的深度参与性和实效性，推动教师专业内涵式发展。另一方面，围绕教学一线存在的关键问题和核心问题，开展专题研究和探讨，不断提升教师的科研能力。开展大良街道教学新秀的评选，让名师和有潜质的青年教师结对，组织师徒结对仪式，成立由一名导师和二至三名青年教师组成的协同发展小

单元体。导师全面负责、引领青年教师的专业发展，突出课堂教学、专业研究、论文写作，定期考核。跨学段分学科组织各级骨干教师专业研究能力论坛，同台论道，锻炼和培养队伍，培育专家型、研究型教师。

2. 聚焦关键人群，形成推动课程改革的中坚力量。课程改革区域整体推进，学校管理层、学科引领教师工作室和区内名师是区域教学变革的关键人群。在实践中，通过不同方式调动三类人群变革的主动性、能动性和创造性。一是提升学校管理层的领导力。校长深入系统地学习教学理论，掌控改革方向，加强改革指导，努力成为教学改革的“行家”，努力当好教学改革的“管家”。近年来开展的经典活动有：大良街道教育局与广东省中小学校长联合会合作，以“启迪教育智慧、分享教育之道”为宗旨开展“凤城山长论坛”，第一届讲坛以“科技赋能：智慧校园的现在与未来”为主题，第二届以“夯实核心基础，打造思维课堂”为主题，聚焦课堂和教育高质量发展，至今已有 9 位大良校长登上“凤城山长讲坛”，推广学校个性化实施教学改革流程管理的经验；二是加强学科教师工作室的指导力，持续开展“六个一”系列行动（牵头一门学科、组建一支学科核心团队、联系一所基地学校、找准一个问题、走进一个班级、形成一项成果）来修炼工作室成员以及学科骨干的研究和指导能力；三是发挥区内名师的引领力，以名师工作室为载体，通过送课到校、专题研究、校本培训等形式引领区内教师的专业发展。

（四）以集团一片区发展为策略，缩小校际教育质量差异

集团化办学以学生全面发展为终极目标，通过对成员校间的互助式引领，实现学校的办学理念、发展目标、管理体制的统一；通过集团内教师轮岗、走校等形式盘活教师资源，实现均衡发展。因此，集团化办学可以通过优质教育资源的扩张，满足群众对优质资源的需求，促进教育公平和教育均衡的有效途径。大良教育集团化发展，重点是教学研究效应的扩散，以促进教学质量提升为目标，因此在集团化发展策略上，以“质”这个内核作为组合的节点。

1. 教育集团——“异质”联盟。大良顺德中心城区基于城乡教育之间的差距，2015 年成立西山教育集团、本原教育集团，以百年西山、本原名校为龙头，2019 年 4 月又构建聚胜小学、成美中学和华侨中学的小初高华侨教育集团，以港澳融通班的形式，实行下联上接的小学、初中、高中贯穿式培养机制，为顺德特色高中输送优秀特长人才。

集团以“整体联动、彰显特色，高位均衡”为目标，统筹集团优质资源，运行共建共享机制。西山、本原集团成立课程建设指导中心，集团内各校学生按照各校特色课程开设的情况，进行校际的课程选修；学生参与教育集团内组织的少先队、体育、艺术、科技等大型活动；各校的相应班级之间建立互助班级关系，共同开展如社会实

践、研究性学习等活动。西山教育集团构建了“G+”课程体系。“G”为西山小学绿色教育；“+”表示在绿色课程统领下，各成员学校可以继续保持自己学校的特色课程，如环城小学的“协同课程”，李介甫小学的“激扬课程”。本原集团构建了“元课程”体系，突出“学习兴趣”“学习习惯”“学习策略”的共性要求，并使之成为集团所有课程设计与实施的准则；成员学校可选择几个“点”进行共性课程与共享课程，选择的“点”有绘本、吟诵、群文阅读等，从不同侧重点开发语文阅读课程，并在集团内共享。

教育集团作为一种联动办学的模式，一是解决了各校学科教师力量不均衡，教改教研难度大，各学校需聚力发展问题；二是集团办学便于学校找准差异，发掘、提升办学特色，满足学校特色发展的内在需求。

2. 教研片区——“同质”联盟。大良共有21间小学，基于所处地理位置不同、教师专业水平参差不齐、生源素质参差、学校发展不均衡等情况，组建3个教研片区——聚胜片区、世纪片区、顺小片区，实现“同质”学校“抱团发展”。“教研片区”整合教师团队的力量，集中以提高课堂教学改革的整体效果为出发点，通过实施“六大行动”（管理互通、研训联动、质量共进、文化共建、项目合作、资源共享），围绕“三大提升”（学校领导力的提升、干部执行力的提升、教师教学力的提升），努力实现“三大目标”（常规管理有新突破、教师发展有新成就、学校发展有新气象）的办学愿景，全面提升了片区各学校的教育教学质量，促进了教师的专业化成长。

3. 初中大学区——“同核”联盟。基于初中教育发展的共同的核心目标，建立联动发展机制、协同管理机制、资源共享制度、干部教师定期交流制度、联合研训长效机制、学校文化分享机制、动态考核评价机制，在优化学校管理、教师团队、学科建设、教育教学教研等方面开展广泛深入的合作，实现管理同步、资源共享、教研一体、学科共建，促进大良初中管理水平、教师素质和教育质量整体提升。

为确保工作实效，大良教育局出台了发展“初中大学区”工作考评制度，以“日常运行看过程推进，终端显示看质量数据”为原则，以问题为导向，实行问题诊断复查制度，通过学校自检、学区互检、街道抽检相结合的形式，及时发现问题，及时反馈，及时解决。

总之，大良街道教育局以专业研究为支点，撬动了区域教研的优质发展，在一定程度上促进了区域教研的转型。但传统教研路径狭窄、机制固化、境界不高、格局不大、缺乏专家引领、成果转化效益低等问题还在一定程度上影响着教研的全面提质。在新课程改革的形势下，必须厘清区域教研转型的关键点，找准新的支点，聚焦核心素养，关注教师和学生，创新教研体制和机制，实现教研的深度转型。

三、成效和成果

（一）成效与影响

1．“以学生发展为本”的理念深入人心。大良在课程改革中所倡导的“培养学生核心素养”的理念，现在已成为各学校教育教学的指导思想，并对课程设计和课堂教学等一系列教育实践产生了积极而深远的影响。

2．课堂教学丰富多彩，教师课程意识和能力得到提升。通过各种调研问卷、访谈，以及对大良各中小学现场评估、视导检查示范课的分析，可以发现，通过课程改革的实践，教帅的教育观念发生转变，课程意识初步形成。表现为：教师对三维日标的理解和设计能力有了提高；信息技术和课程资源的应用能力明显提升；基于课程标准开发课程和整体把握课程内容的能力明显增强；课堂教学实现了自主探究、实践体验、合作交流与接受式学习方式的有机结合，体现了“做”“想”“讲”有机统一的学习过程。

3．学生的学业质量、创新精神和实践能力齐头并进。大良中小学校参加区中小学办学绩效评估和教育发展中心学业质量监测的数据表明：在2018学年的顺德区办学绩效评估中，大良街道21所小学有15所获得A等级，4所初中有2所获得A等级，这个占比在全区名列前茅。在社会和市民心目中传统意义上的薄弱学校，如凤翔小学、云路小学、红岗小学等已经进入优质A类学校行列，成为顺德区办学绩效评估A类学校和进步学校，成为家长和孩子选择的新热点学校。这说明大良的小学办学水平和质量越来越均衡。大良街道在义务教育阶段教学质量检测成绩优异，各项指标综合排名稳居顺德区各镇街第一名。其中，实验小学的拔萃课堂教学模式获2017年广东省教育教学成果（基础教育）一等奖；西山小学梦想课程方案获广东省课程建设一等奖，成为广东省实验基地学校；德胜小学成为佛山市英语教学示范基地。这也是大良近年来课堂改革成效显著的有力表现。近年来，大良涌现出一批创新特色学校，而且不少学校的学生能获得数百项的国家级机器人比赛、科技创新大赛的一等奖奖项，一批学生在国外创新大赛中获得大奖。

4．建立教研保障机制，优秀教师得以脱颖而出。经过多年的课程改革，大良不仅形成了一支专业的骨干教研队伍，建设了一批省级、市级、区级课程改革基地学校。而且还通过教研机制的改革与完善，对教研队伍、制度等进行“升级式”修改等措施，稳定街道教研专家队伍，通过提升学校课程领导力等项目推进课程改革基地学校持续改革，一大批教师在教研路上迅速成长。仅2019学年第一学期开学至今，大良中小学共派出11名教师参加顺德区、佛山市各学科教学能力大赛，取得优异成绩：2个顺德区特等奖、3 个顺德区一等奖、1 个顺德区二等奖、7 个佛山市一等奖、1 个佛山市二等奖。其中，德胜小学马欢欢老师、本真未来学校夏青老师、本真未来学校唐尚正老师三位老师还代表佛山市参加本学科的省级比赛，马欢欢老师获得省教师技能大赛一等奖。此外，大良有两位教师被评为特级教师：顺峰中学英语科教师潘惠红和实验小学语文科教师高飞。

大良的教研团队也脱颖而出，在顺德区中小学优秀学科组评选中，义务教育阶段共评选出优秀学科组 31 个，其中大良就占了 5 个，分别是：顺峰中学英语科组、梁开中学地理科组、实验小学语文科组、德胜小学数学科组、凤翔小学英语科组。

5. 教研员队伍的课程指导能力得到明显提升。大良区、街道两级教研员队伍，作为课程改革的先锋队，参与研制了课程方案、课程标准，并且进行了教师培训、教研、课堂实践与指导、课程资源建设，以及一些重大项目的研究等工作，通过这些“岗位实践”，配合教研员队伍的培训研修，逐步实现了教研员从教学指导到课程指导的转变。顺峰中学的潘惠红老师、实验小学的高飞老师成立了特级教师工作室，养正学校的林中坚老师、实验小学的吴向红老师、凤城实验学校的徐晓玲老师通过了第三批顺德区中小学名师工作室评审认定。

（二）成果与特色

1. “一主两翼”使教研有了更强的聚合力。街道教研室为主体，集团化联片教研和学科名师工作室为两翼。坚持学科教师工作室教学骨干引领，促进大良课堂改革实践的整体联动。以教改名校、名师为推进课堂教学实践的骨干力量和先进典型；各学校充分宣传本校教改的成功经验和先进典型；街道教研室在不同层面组织评选教学新秀、骨干教师等，让更多教师体验课堂教学改革的成功。

2. 以生命教育为核心的青少年品德教育平台成了高品质的教育舞台。在课改中，大良坚持把社会主义核心价值观纳入中小学课程体系，纳入教育教学全过程，成立了生命教育教研中心，作为当前未成年人思想道德建设的两个抓手，连续 7 年开展生命教育论坛，出台了生命教育教学指导意见，完善青少年心理咨询中心建设，使之成为未成年人思想道德教育的有效平台。2019 年 4 月，大良成功举办了全国生命教育年会。

3. “合分一体”的动漫教育课程成了综合课堂开发成功的尝试。大良在总结一期课改中，成了中央电教馆动漫教育实验基地。在基地建设中，将科学、人文与社会、艺术三个学习领域融合，采用“合分一体”方式设置动漫课程，建立了首部《中小学动漫课程标准》，尝试实践综合课程与分科课程的定位和内容体系，形成鲜明的大良特点。

4. 研制了多种途径培养学生创新精神和实践能力的课改课型。创新力的培养需要课堂教学落实，课型的研究是促进课改落地的基础。在一期课改活动课程实践的基础上，从学习过程的个性化、探究性和学习内容的综合性两方面发展活动课程，形成了以科技创新为特色的活动课程；引入社会资源，形成了各学校各具特色的“创客”选修课程，部分学校建设了“创客”实验室。

5. 在重视信息科技教育的同时加强课程与信息技术整合。大良在全面实现从小学到初中普及了信息科技课程后，在学科课程与信息技术整合的探索中，也形成了一些大良特色。如，顺峰中学、梁开中学引入以平板为支撑、拥有智能软件和丰富课件DIMA（数字化数学活动）平台，改善了数学内容的处理方式和呈现方式，探索“智慧课堂”实施途径和方法。

四、思考和展望

（一）教研促课改的思考

1. 区域推进课程改革需要整体顶层设计。区域推进课程改革，首先要明确教育的本原，然后才能根据教育的本质诉求，依据教育、教学、课堂的路径进行整体的顶层设计。“顶层设计”是从区域教育整体改革出发的一种教育改革的战略思想，从教育改革的诉求到改革创新的系统谋划、整体建构、全程调控。这一概念来自系统工程学，意为自高端开始的总体构想，具有“顶层决定性”“整体明确性”“兼容开放性”“可操作性”等特点。它要求遵循规律、叩问本质，构建起引领改革的先进理念、科学的规划系统和有力的执行系统。大良教育的改革从“顶层设计”开始，意在从战略高度上把握教育改革的本质与全局，全面引动、系统推进区域教育教学改革与创新。

“顶层设计”首先要明确的是改革的核心理念：“教育文化品位高，教育质量品质优，教师队伍品行好，学生成长品学强，学校发展品牌亮”。坚持以人为本，全面实施素质教育的教育改革发展的战略主题。科学发展观的核心是以人为本，体现在教育工作中就是育人为本。要求学校坚持以学生为主体，以教师为主导，以校长为灵魂，为每个学生创造适合的教育，促进学生生动活泼地全面发展。

2. 区域推进课程改革需要建立整体推进的机制。大良教育局制定了“大良街道贯彻落实《顺德区关于教育高质量发展的若干意见》实施方案”；三个教育集团、教研片区、初中大学区随之出台落实“高质量”发展的教改方案。街道教研室积极跟进“方案”落实，整合大良中小学教育科研力量，设立课堂改革专项研究科研项目；加大区域整体推进课堂改革在理论、路径、方法、评价等方面的研究力度，为整体推进教育高质量发展创建研究基础和氛围。

3. 区域推进课程改革需要行政推动和环境优化。大良教育局作为推进中小学教学改革的组织者、推动者，成立了以主管局长担任组长的“中小学课堂改革项目”领导小组和工作组，明确教研室推进中小学课堂改革的组织、设计、指导等具体职能，并按照两条线构建课堂改革实施工作体系（一条线是教育集团、片区、联盟学校；另一条线是各学科），由街道教研室学科教研员牵头，每个学科聘请在教学一线、研究能力较强的骨干教师组建学科课堂改革研究小组，定期确定主题进行研究，全力以赴推进教育教学改革。从“顶层设计”系统出发，改革需要推动，更需要在营造环境和氛围。在顺德区教育工作会议精神指导下，大良街道召开教育大会，制定了大良教育高质量发展方案，政府将继续加大对教育的投入，将“一把手”抓教育列入政府绩效考核，并要求中小学校长要心无旁骛地抓课改。从营造社会关注教育的活动上，继续组织“凤城教育文化节”“学校开放日”“家长进校园”等活动，邀请社会知名人士、企业家和家长代表进学校，观大课间，听课，座谈交流。这一系列举措在改革的外在软环境上将持续营造氛围，让全社会关注这一重大的教育工作。

4. 区域推进课程改革需要抓住本质和遵循教育规律。大良教学改革突出“课堂重构”，在教师引导、点拨和调节的前提下，以生为本，真正实现先学后教、以学定教、以教促学，有效激发学生学习积极性，提升教学质量。学校要培育学生的核心素养，自然要通过课堂教学，尊重教育的规律，尊重学生成长和发展的本质，为学生主动学习创造条件，使学生获得终身发展必备的主体意识和主动精神，死记硬背、题海战术是难以培育出有创新思想的人才的。课堂教学改革倡导启发式、探究式、讨论式、参与式教学；教师要在教学中让出时间和空间，为学生营造独立思考、自由探索、勇于创新的良好学习环境。

在对大良中小学课改的调研中，我们欣喜地看到，很多学校都提出了明确的教学模式来指导课堂教学改革，比如：情景大课堂、合作教学、生态教育模式、生态课堂、生本课堂、单元整体教学、一科一模、教学模式群……虽然有些学校的教学模式还不够成熟，对教学改革目标、操作策略、评价标准的表述还过于笼统，但毕竟引导学校打破了“一讲到底”的传统教学格局，产生了一些特色鲜明的教学改革经验。

5. 区域推进课程改革需要走教育科研促内涵发展之路。提高教学质量，推动课程改革是中小学教学改革的重要内容。而要提高教学质量，就需要对教育理论和实践进行探索研究，运用科学理论分析各种教育现象，进而探讨出更高效的教学方法，改进落后的教学方法，促使感性教学经验升华为理性教学认识，推动区域内中小学教学在理论和实践两个层面的共同进步，最终推动区域内教学质量的提升。

（二）发展设想

大良课堂改革实施以来，教育教学呈现出生机勃勃的景象，课堂教学步入一个新的天地。行走在教育教学的路上，有许多未知的领域等待我们去开拓，有许多奇妙的构想等待我们去实践。课堂教学改革不是单行道，教师需要调用多种思维、多种渠道去构建生命化的课堂。在未来课改工作中，我们将从如下几方面入手，与时俱进，继续探索实践。

1. 进一步拓展工作思路，深化教学及课程改革。加强教师队伍建设，更好地推进新课程的实施。在今后的教研工作中，我们将继续在“规划先行、措施到位、强化培训、讲究实效”的指导思想引领下，进一步促进教学研究向纵深发展。

2. 加强对联片教研协作一体化的研究。构建以“街道学科工作室—片区教研—各学校教研室”的联片教研一级、二级网络机制，充分发挥两级网络协作的优势，有效体现教研室的研究职能，将先进的教研经验和资源传输给各学科教师。两级网络机制各司其职，分工明确，在制定小规模学校联片教研主题的前提下，把联片教研的重心集中在解决一线教师的教研困惑上。

3. 区域教研走内涵发展之路。把进一步提高骨干教师队伍专业发展的整体素质作为工作重点，把建设骨干教师队伍作为重中之重。完善分层培养计划，实现由经验型向研究型教师的转变，打造一支高素质、专业化研究型教师队伍。

4. 进一步加大网络教研培训力度。发挥典型教师、典型学校的资源优势，积极搭建网络平台，实现“互联网＋”背景下的网络教研，打破教研室时空界限，尽快做到品牌学科教学资源及经验的全面共享。

5. 以课题研究为抓手，精准研究课改问题。继续挖掘教学研究实践中有研究价值的问题，开展关于教学热点、难点、关键点，以及质量薄弱学校、薄弱学科课题研究，积极引领广大教师参与与自身教学实践有密切联系的课题研究，分项目组建智库，对学校教师的科研进行“下沉式”的指导，促使教师养成善学习、善反思、善总结、善创新的意识与行动。

课堂改革是一个长期而艰巨的过程。我们面对的学生在不断更替，教育教学的形势也在不断变化。课堂改革是一个动态的、开放的系统工程，每一位教师应与时俱进。课改的历程，虽有坎坷，但办法总比困难多。现在，大良的课改思路越来越清晰；课改的历程虽然艰辛，但课改的步伐从没有停止，改革的内涵逐步丰富。“不忘初心，方得始终”，课程改革必将帮助大良教育人成为生命的牧者——牧者是幸福的，用爱的目光注视着自由生长的学生，同时也时常仰望天际苍穹，放歌绿色的山冈。

北滘：探索区域教研助推课改实践的教育强镇

单位：北滘镇教育局 执笔人：黄昌略

摘 要：区域联合教研是将一定地域内的若干所学校联合起来，建立区域教研共同体，组织区域内学校的教师围绕某一主题进行理论学习、实践、观摩与研究并推广，是新时期促进教师专业成长、提高区域教育教学质量的有效途径。课堂教学改革是提高教育教学质量的重要抓手，是学校教学管理的核心工作。区域课堂教学改革需要区域做好顶层设计，从规划、制度、活动及评价等各个方面进行优化，并以区域联合教研的方式打破传统校本教研壁垒，促使区域课堂教学改革的新思想、新理念全方位地渗透并落地生根。近几年，北滘镇在推进区域联合教研方面做了大量的探索与实践，并始终把深化课堂教学改革作为区域联合教研的主渠道、主阵地，取得了一定的成效。

关键词：区域联合教研 深化课堂教学改革 促进教师专业成长

一、基本情况

（一）背景缘由

2015 年 12 月，北滘镇教育局出台了《关于全面推进中小学教学改革的指导意见》，正式吹响了全面推进课堂教学改革的号角。2016 年 2 月，北滘镇教育局在君兰中学召开了“北滘镇中小学全面推进课堂教学改革会议”。实施三年多来，随着课改的推进，在一定程度上改变了过去“满堂灌”“填鸭式”的课堂教学形式，强化教育教学管理，规范教学行为，少部分学校还逐步探索出适合校情、生情的课堂教学改革的模式。然而，北滘镇中小学课改在向“深水区”迈进的过程中，出现了课改步伐不整齐，校际之间差距较大的问题，其中以莘村中学为代表的中学整体推进稍好，教学质量提升也快（北滘镇中考平均分从原来的第十名提升到第三名），首尝课改红利；同时反思过去推进课改步伐不整齐的根本原因是区域统筹性不够，各自为政，未能形成合力。于是，北滘在 2018 年 9 月再次出台了《北滘镇关于进一步深化中小学课堂教学改革的意见》，提出以区域联合教研为抓手的深化课堂教学改革的策略。

（二）推进思路

按照“顶层设计，统筹推进；区域教研，引领深化；阶段目标，分步实施；督导验收，总结提升”的工作思路，全面深化课堂教学改革。

1. 顶层设计，统筹推进。根据《国家中长期教育改革和发展规划纲要（2010—

2020 年)》《教育部关于全面深化课程改革落实立德树人根本任务的意见》等有关文件精神，深刻把握课堂教学改革的阶段特点，制定《北滘镇关于进一步深化中小学课堂教学改革的意见》，明确深化课堂教学改革的目标、方向、原则和路径，强化政策支持和资源保障，激发学校课改积极性，指导各类学校全面开展深化课改行动。

2. 区域教研，引领深化。构建区域联合教研网，完善区域联合教研管理制度，充分发挥区域联合教研的引领作用，开展一系列聚焦课堂教学改革的主题教研活动，在不断探索实践中解决课堂教学改革中存在的问题，引领课堂教学改革不断深化。

3. 阶段目标，分步实施。分三年推进实施，第一年学校建立课堂教学模式，即建立课堂模式、课堂流程，规范导学案的要求，落实先学后教，培养学生的自主学习习惯、合作意识和合作精神；第二年活化课堂模式，即要融合学科特征、课型特点、学情等，优化导学案设计和教学方式，落实以学定教，培养学生的合作、探究能力和学科素养；第三年不唯模式，只唯理念，真正落实"以人为本""学生主体""全面发展"的理念，全面打造"优质课堂"，落实立德树人的根本任务。

4. 督导验收，总结提升。在镇教研室的统筹下，以区域联合教研为载体，在联合教研中督导，在督导中教研，对在课改实施过程中出现的问题及时研究提出可行的解决方案；对在课改实施过程呈现出来的好经验、好做法进行认真总结和完善，树立典型，大力宣传推广，相互借鉴，总结提升，圆满完成打造"优质课堂"的目标和任务。

（三）探索与实践的历程

一年多来，北滘镇教育局围绕区域联合教研深化课堂教学改革的工作思路，稳步推进一系列相关工作。

1. 集思广益，确定课改方向。"方向比速度重要"，所以我们在确定深化课堂教学改革方向时非常慎重，要尽量发挥区域教研的作用。

（1）跨区域联合教研确定课堂教学改革的方向。在 2018 年 8 月初，在镇党委委员毛永达同志的带领下，与乐从镇教育局相关教研人员开展了课堂教学改革方向的联合教研活动，并深入研讨乐从镇的课堂教学改革和全国各地课堂教学改革成功的案例，最终确定了以"小组合作 +"为抓手的课堂教学改革方向。

（2）集镇教育局集体智慧形成初步方案。确定了课堂教学改革的大方向后，在 2018 年 8 月中旬，北滘镇教育局教研室的同志集体多次研讨，初步制定《北滘镇关于进一步深化中小学课堂教学改革的意见》的讨论稿，明确深化课堂教学改革的目标、方向、原则和路径。

（3）镇域联合教研进一步论证后出台方案。形成初步方案后，在 2018 年 8 月下旬，我们又召集了镇内对课堂教学改革有一定研究的行政和骨干老师，再次论证方案，最终出台了《北滘镇关于进一步深化中小学课堂教学改革的意见》的试行稿，同时出台的还有四个配套的子方案，它们分别是《北滘镇中小学班级小组建设要求》《北滘镇中小学优质课堂教学评价标准》《北滘镇中小学优质课堂验收方案》《北滘镇课改先锋学校和积极学校评价方案》。图 5－1 为课堂改革方案论证会现场。

图 5－1　北滘镇教育局召开课堂改革方案论证会

2. 方案解读，凝聚课改共识。制定好方案后，为了凝聚课堂教学改革共识，理解北滘镇课堂教学改革的内涵和推进策略与路径，2018 年 9 月 1 日，北滘镇中小学全面深化课堂教学改革动员大会召开（见图 5－2），推出了镇的课改方案和相关配套方案，并进行了解读，同时又开展了以“如何开展优质课堂背景下的小组合作学习”为题的课改实操培训，使全体教师理解并践行以下几点：

（1）目的：提高教育教学质量，培育学生核心素养，落实立德树人。

（2）理念：“以人为本”“学生主体”“全面发展”。

（3）模式：“小组合作＋”——基于“小组合作＋”的课堂教学改革，是指以合作学习为核心的课堂教学改革，并不是用一种模式代替另外一种模式，而是多种学习方式和教学方式共存。我们不能从一个极端走向另一个极端，要好好研究各种教学“方法”，要博采众长，因材施法、因生施法，正确处理好“传承与创新”的关系，课堂要充分体现教师的主导作用和学生的主体作用，培育学生核心素养。

（4）策略：系统建构并分步推进四大体系——“班组文化建设体系”“师生培训体系”“课堂建设体系”“多元评价体系”。

图 5－2　北滘镇中小学全面深化课堂教学改革动员大会

3. 区域教研，助推课改前行。区域推进课堂教学改革是以广度为重要指标，没有基层学校与一线教师的广泛参与，就谈不上区域教学改革的整体推进。在区域做好顶层设计后，就必须要有区域教研为助力，搭建高效的区域教研网络并开展相关研究是重要的一环。

（1）搭建高效的区域教研网络。我镇已经搭建了镇域大教研、三大联合体和四大片区，建立了中小一体化纵向延伸型“联合体”教研管理模式、同学段横向互助型“片区”教研管理模式，实现“镇域、校群联合体、片区”三级联动。一是横向融合，优势互补。搭建小学联合教研体。同学段小学因为学校数目较多，为了提高教研效率，减少路途耗时，搭建片区联合教研共同体，分为北滘片区（华附顺德北滘学校、中心小学、承德小学、林头小学、广教小学、高村小学、西滘小学）、莘村片区（朝亮小学、莘村小学、马龙小学、美的学校）、碧江片区（碧江小学、坤洲小学、西海小学、三桂小学、广东碧桂园学校、碧桂园实验学校、明阳学校）。搭建初中联合教研体，为六所初中学校（莘村中学、君兰中学、碧江中学、碧桂园实验学校、广东碧桂园学校、湖南师范大学附属北滘学校）。二是纵向贯通，相互学习。为了实现初小衔接，学段贯通，我们还在纵向搭建了联合教研共同体，共有三个片区，它们分别是莘村中学教研联合体（莘村中学、朝亮小学、莘村小学、马龙小学、美的学校）、君兰中学联合体（君兰中学、华师附属顺德北滘学校、中心小学、承德小学、林头小学、广教小学、高村小学、西滘小学）、碧江中学联合体（碧江中学、碧江小学、坤洲小学、西海小学、三桂小学、广东碧桂园学校、碧桂园实验学校、明阳学校）。三是跨区联合，博采众长。全镇以“种子教师班”“课改骨干班”“华师助力北滘”等项目为平台，与深圳、广州、东莞等多所课改名校、名师联合教研。同时，莘村中学与湖南许市中学结对成课改联盟学校，君兰中学、碧江中学加入苏派课改联盟学校。这些跨区教研联盟，大大增加了联合教研的宽度，同时都有以课改立校的共同愿景，为我们深化课堂教学改革和助力教师专业成长注入了新的活力。

（2）聚焦课堂教学改革，开展一系列区域联合教研活动。在深化课堂教学改革初期，重点是研究各校的课堂模式和导学案编写问题，所以我们围绕课堂模式的构建、导学案的优化开展了相关区域联合教研活动。图 5－3 为区、镇、校三级教研活动教师合影。

图 5－3　区、镇、校三级教研活动教师合影

①课堂模式构建的研讨。2018 年 9 月 26 日，全镇中小学在莘村中学进行了基于“小组合作＋学案导学”暨初小衔接的课改展示活动；10 月 18 日，全镇中小学在北滘中学科创班进行了基于“小组合作＋深度学习”的研讨活动；11 月 26 日，全镇中小学在碧江中学进行了基于“小组合作＋智慧课堂”暨初小衔接的研讨活动。在承德小学报告厅还开展了由顺德区教育发展中心主办、北滘镇教育局协办的 2019 年语文科和英语科小初衔接教学研讨活动等。图 5－4 为“合作学习”课堂现场，图 5－5 为北滘镇教研室黄昌略副主任介绍课改经验。

图5－4 “合作学习”课堂现场

图5－5 北滘镇教研室黄昌略副主任介绍课改经验

②导学案和教学设计优化的研讨。2018 年 11 月 24 日，在君兰中学开展了如何编写导学案的研讨活动，并制定了导学案编写的指导意见，后来又开展了全镇中小学教师参加的导学案和教学设计的评比活动，目的是以优质的教学设计深化课堂内涵建设。

③创新联合教研形式，提高教师对课堂教学改革内涵的理解。区域联合教研助力课改的方式除了是采用专家讲座、同上课改课、优秀教学设计和导学案评比等形式，我们还创新了联合教研方式，开展了读书心得分享、课改故事分享等活动，交流课改心得体会。例如，2019 年 10 月 29 日，在承德小学举办“课改骨干班”优秀教学设计及读书心得分享活动；于 11 月 1 日举行了“种子教师”镇内示范课交流研讨暨课改故事分享会（见图5－6）。

图5－6 北滘镇“种子教师”镇内示范课交流研讨暨课改故事分享会

4. 督导验收，了解课改进程。2018 年 10 月初，在镇教研室统筹下，用了将近两周的时间，各片区教研体交叉对全镇各校的班级学习小组建设情况进行了全面督导检查。（见图5－7）检查采用学校汇报、现场查看、询问学生、与老师交流等方式进行。

检查项目包括小组的编制、座位调整、管理分工、文化建设、成员评价、团体周评、培训或总结及课改硬件设备等八个方面。通过督导，夯实了小组建设，为基于“小组合作+”的课堂教学改革的有效开展奠定了基础。2019年5月至6月期间，北滘镇教育局课改督导组全体成员对各中小学校进行了课堂教学改革阶段性专项督导工作。督导方式包括：教师访谈、学生问卷调查、随堂观课、推门课听课议课、校园巡视、学校课改工作汇报、反馈交流等。督导内容包括学校课改模式和流程、班级学习小组建设、课改培训讲座或经验交流、课改资料上传、课改宣传与表彰、课堂质量等方面，其中课堂质量的高低是本次督导的重点。通过阶段性全面督导，了解各学校课堂教学改革的开展情况，及时提出整改意见，助推各校课堂教学改革不断深化。

图5－7　镇街教研室到校检查学习小组建设情况

5. 总结表彰，提升课改动力。召开阶段性课堂教学改革总结会，对在课改实施过程呈现出来的好经验、好做法进行认真总结和完善，树立典型，大力宣传推广，相互借鉴，总结提升。同时根据课改督导过程中和平时课堂巡视中的评价，再结合《课改标兵和课改先锋学校、积极学校评价方案》评选出年度十大课改标兵和课改先锋学校、积极学校，并予以嘉奖，以此激励各校和广大教师深化课改的热情。

二、经验和做法

回顾一年多深化课堂教学改革的实践与探索，总结出以下几点经验：

课改领导小组组长必须要镇、街教育局局长或中小学校长担任，做好顶层设计，并且要参与一些课改活动，一个阶段后让课改负责人汇报课改进展情况。因为课改推行的初期一定是行政推动的。例如：我镇毛永达委员从方案的制定、课改动员、阶段总结、课改督导都参与其中，充分体现了领导对课改的重视。

完成课改行动方案后，必须要出台配套操作细则、评价细则、激励方案、验收标准等。例如：出台《北滘镇关于进一步深化中小学课堂教学改革的意见》的试行稿，同时出台的还有四个配套的子方案《北滘镇中小学班级小组建设要求》《北滘镇中小学优质课堂教学评价标准》《北滘镇中小学优质课堂验收方案》《北滘镇课改先锋学校和积极学校评价方案》。

要明确阶段目标，分步实施，阶段验收或督导。例如：我镇课改是分三年推进实施，第一年必须以行政方式推动，要学校建立课堂教学模式，即建立课堂模式、课堂流程，规范导学案的要求，课堂要体现“教师为主导、学生为主体、知识构建为主线”的原则；第二年活化课堂模式，即要融合学科特征、课型特点、学情等，优化导学案设计和教学方式，课堂要体现“教师为主导、学生为主体、能力训练为主线+学情基础、学科特征”的原则；第三年不唯模式，只唯理念，优化教学方式，全面培育核心素养，落实立德树人的根本任务。

在夯实校本教研的基础上，充分发挥区域联合教研的作用，同时要使区域教研主题化、系列化。例如：我镇第一年的区域教研任务，紧紧围绕课堂模式的构建与导学案的编写来开展；第二年的区域教研任务，紧紧围绕基于学科特征来活化课堂模式，打造深度学习的课堂来开展。

三、成果和影响

通过一年多深化课堂教学改革的实践与探索，取得了一定的成果。

（一）物化成果

1．镇和学校都制定出操作性较强的课改行动方案，同时各校设计出符合校情的“小组合作+”课改模式。例如：

（1）北滘镇基于“小组合作+”的课堂教学改革总体构思（见图5-8）和“以学为本”的课堂建设体系（见图5-9）。

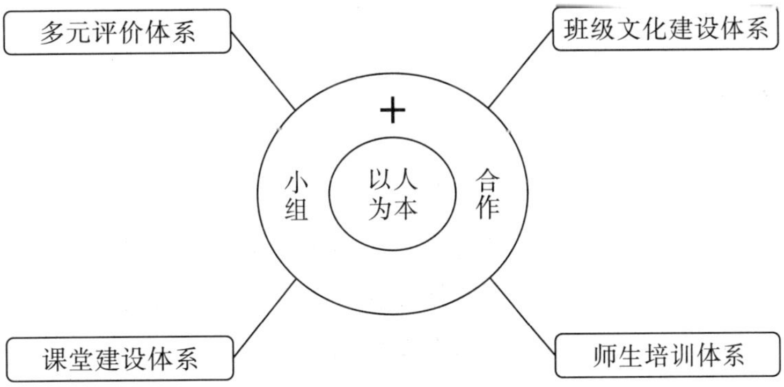

图5-8　课堂教学改革体系

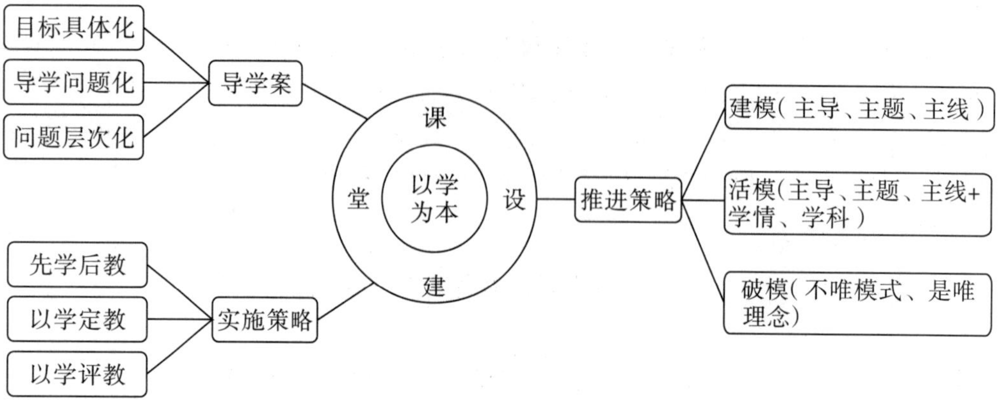

图5－9　课堂建设体系

（2）碧江中学针对生源较差的校情，设计出“小组合作＋100任务书（零基础、零选科、人人过关）”的课堂模式。这种重视学情、体现教师主导和学生主体的课堂构建策略，效果较好，该校近三年的中考成绩不断进步。

（3）承德小学以课程标准为指导，课堂教学改革为目标，并结合校本实际和生本实际的特点开展以“双T”为总框架，“学习任务单”为载体的课改探索。所谓“双T”课堂模式（见图5－10），指的是以“学习任务单”为载体的任务驱动型小组合作的教学模式，“双T”是“Task-driven teaching”（任务驱动型教学）和“The team collaborative study”（小组合作学习）。

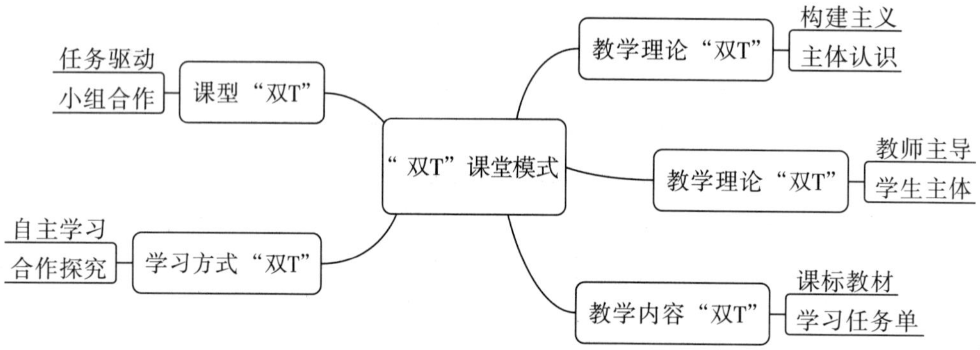

图5－10　“双T”课堂模式

“双T”模式课堂融合了先进的教学理念、教学内容、教学策略、学习方式等，实施效果良好，使学校的教学质量和科技创新成果数量始终保持在区、镇前列。

2. 教改科研成果。

（1）北滘镇教育局何秀萍的《镇域课堂教学从有效到高效转型的实践研究——以顺德区北滘镇为例》获得2019年度广东省中小学教育创新成果二等奖，佛山市教学改革成果一等奖。

（2）北滘镇中心小学曾雯的《基于智慧课堂环境下儿童文学阅读指导策略与评测研究》获得2019年度佛山市中小学教学改革成果二等奖。

（3）北滘镇承德小学曾琳琳的《基于教育云平台下童话故事的创客教育模式研究》获得2019年度顺德区第十一届教育科研成果评比二等奖

（二）内化成果

1. 课堂体现了“以学为本”的理念，提高了学生参与的广度，调动学生学习的积极性，提高了课堂效率。

2. 各校校风好转，学生积极向上，社会对北滘的教育认同度渐渐提高。

四、思考和展望

北滘深化课堂教学改革一年多，虽然取得了一定的成效，但也存在不少问题，最大的问题是课堂太模式化，不少课堂的合作学习还处于浅表性学习，也缺少学科特征，同时教师的成长跟不上课改推进的步伐等。针对这些问题，我们制定了下阶段突破课改瓶颈的九字方针——“再培训、再完善、再深化”。

一是再培训三支队伍，包括校长课改领导力培训工程，中层课改执行力培训工程，核心团队课改实施力培养工程。

二是再完善（升级）两项标准，即课堂评价标准（从“规范”要求向“优质”要求完善），课堂教学价值（从“唯变革”的价值取向向“重优化”的价值取向升级）。

三是再深化两个体系。

1. 课堂建设体系从“建模”向“活模”和“破模”深化。一是在课堂模式方面。“建模”是指建立课改模式，建立课堂流程，规范导学案的要求，落实先学后教，培养学生的自主学习习惯、合作意识和合作精神。“活模与破模”是指融合学科特征、课型特点、学情等优化导学案和教学方式，落实以学定教，培养学生的合作、探究能力和学科素养。二是课堂生态从“注重教师的组织、指导性和注重学生参与的广度”向“注重师生的合作性和注重学生参与的深度”转化。

2. 班组文化建设体系从重“形”向“形神兼备”深化。初期要打造可视的物质（环境）文化、制度文化和行为文化；中期要打造无形的精神文化。

北滘的课堂教学改革已经开启全面深化的新征程，也初步收到成效。但我们也应该看到，在课堂教学改革的过程中，出现了过于模式化和形式主义，我们认为这是不可避免的，再加上改革既然是一种实验，也就一定会出现许多无法预测的问题，甚至产生一些混乱也是在所难免的。在这样的情况下，一个真正的改革者，既要坚持改革方向，绝不因出现问题而动摇，更不因此而走回头路；同时又敢于正视问题，及时做出修正，并根据所暴露出来的新问题，进行新的实验与探索。今后我们要坚持以《中共中央国务院出台关于深化教育教学改革全面提高义务教育质量的意见》《教育部关于全面深化课程改革落实立德树人根本任务的意见》等有关文件精神为指导，把以区域联合教研深化课堂教学改革的实践探索持续推进下去，把教育高质量发展作为目标和追求，以逢山开路、遇水架桥的奋斗姿态和闻鸡起舞、日夜兼程、风雨无阻的精神状态，敢于创新、大胆实践，为北滘的课堂教学改革注入新活力，开辟新局面，续写新篇章，铸就新辉煌！

附“小组合作学习”学生问卷调查分析报告

一、调查目的

通过调查学生的小组合作学习时效性问题，分析、研究及制定解决对策，使小组合作学习能真正起到改进课堂教学机制、教学方式及教学的组织形式，切实达到培养和提升学生的合作意识、合作能力与合作精神的目的。

二、调查方法与对象

本次调查采用网络问卷方式进行，以四到九年级部分学生为调查对象，进行小组合作学习情况问卷调查。

三、结果统计

本次调查学生有效问卷共456份，参与的学校有中学（1所）、小学（13所）。问卷具体统计数据如下：

1. 你对小组合作情况整体感受如何

选项	小计	百分比%
非常满意	402	88.2
基本满意	52	11.4

2. 你认为小组合作讨论的效果如何

选项	小计	百分比%
对问题掌握很清楚	447	98

以上数据说明学生十分认同我镇推行的“小组合作+”的课改工作；也说明课改模式的课堂效果高于传统课堂，值得我们继续深化课改行动。

3. 小组成员能分工合作吗？

选项	小计	百分比%
能，每人各司其职	443	97.2

4. 你对小组内同学的分工熟悉吗？

选项	小计	百分比%
清楚每一位同学的分工	442	96.9

5. 你对你的组长满意程度

选项	小计	百分比%
非常满意	410	89.9
比较满意	44	9.7

以上数据说明各校能有效落实小组分工，并进行了有效的培训，以后还要强化基于学科的小组培训，为高效课堂提供扎实的基础。

6. 你们小组日常总结

选项	小计	百分比%
每月开展	45	9.9
每周开展	405	88.8
没有开展	6	1.3

以上数据说明对于小组总结基本能做到一周一总结，但仍有9.9%的班级只是一月一总结，甚至有1.3%的班级没有开展这项工作，这样总结反思不及时，容易造成小组间竞争意识变差，小组内凝聚力变小，不利于小组文化建设，因此今后各班级要落实小组总结反思的时效性。

四、调查结果与分析

通过对回收问卷的统计和学生的访谈交流，可以看到当前学生对小组合作学习的意义、作用认识比较充分，受到学生的欢迎。

1. 课堂体现了“以学为本”的理念，提高了学生参与的广度，调动学生学习的积极性，提高了课堂效率。

2. 各校校风好转，学生积极向上，社会对教育认同度渐渐增高。

3. 中小学教学质量逐年提升。深化课堂教学改革，调动了学生的学习积极性，优化了学习方式和教学方式，中小学教学质量逐步提升，其中小学教学质量从课改深化前的中等水平提升到区前列，中学教学质量从课改深化前的末位水平提升到区前列。

教研引领，美育既成

——容桂街道区域联合教研暨课堂教学改革工作报告

单位：容桂街道教育教学研究室　执笔人：余锦团　胥执纯　王平波

摘　要：在顺德区教育发展中心的统筹引领下，容桂街道立足自身优势，聚焦质量提升，坚持科研兴教，不断加大对教育基础设施和教育信息化的投入，通过理顺教研管理、建立教研队伍、完善教研制度、鼓励教研创新等途径，创新实践教研一体化、专业化、智能化建设，在切实提升教研基础能力和专业能力的基础上，大力推动教研智能化发展，助推容桂教育实现更高水平的优质均衡发展。

关键词：教研　质量　信息化　一体化　专业化　智能化

容桂街道立足自身优势，积极贯彻中共中央国务院印发的《关于深化教育教学改革全面提高义务教育质量的意见》、顺德区教育局印发的《关于全面推进区域教研改革发展工作的指导意见》（顺教［2017］63号）等文件精神，紧紧围绕立德树人根本任务，聚焦质量提升目标，实施教研一体化、专业化、智能化“三化”策略，通过理顺教研管理、建立教研队伍、完善教研制度、鼓励教研创新等途径，大力推进区域联合教研暨课堂教学改革工作，引领教学，提升质量，为教育高质量发展提供强有力的支撑。

一、立足于教研基础能力建设，构建教研一体化机制

教研基础能力建设，关系到教研对教学服务、支撑和保障能力的提升。容桂街道抓住顺德区推进区域教研改革的机遇，迅速行动，积极构建“一体化”教研网络和工作体系，铺设“教研高速公路”，加快教研基础能力建设。

（一）强化大教研意识，积极融入区一体化教研网络

学科教师是“大教研”网络的基础力量，学科教师的“大教研”意识是一体化网络建设的动能保障。容桂积极贯彻区关于大教研工作的部署，明确定位，强化意识，积极履职。

1. 明确定位。以街道教育教学研究室为阵地，组织全体专兼职教研员，认真研读《关于全面推进区域教研改革发展工作的指导意见》，并据此对教研室和专兼职教研员的角色定位、工作职责和目标任务进一步进行了明确和分解。

2．强化意识。积极贯彻“全区教研、全面教研、全员教研”的“大教研”发展战略，以教研室为中转站，以专兼职教研员为先锋，通过会议精神传达和宣传教育工作，引导街道中小学全体教师牢固树立“大教研”意识，积极参与全区教研，力挺全面教研，实现全员教研。

3．积极履职。按照顺德区教育发展中心工作指引，定人、定时、定点支持配合并主动参与区级教研教改活动，按时、准量、保质完成区级教研教改工作任务，用心、尽力、竭诚协助区统筹开展镇（街道）的教研教改工作，并借助区级平台和机会推动容桂教研教改提升。

（二）深化大教研改革，构建一体化教研管理新机制

结合集团化办学和学区制管理改革，容桂以集团、联盟为基本单位，以集团联盟大教研、初小衔接大教研、初高衔接大教研为基本形式，构建符合容桂实际的教研一体化工作体系，深度推动一体化大教研机制改革。

1．集团联盟大教研。在集团化办学和学区制管理改革试点的过程中，按照“划区而治”的思维，容桂组建了中、东、西三大版图的容桂育美教育集团、东部教育联盟和西部教育联盟，每块版图为 9～11 个学校的规模，版图内学校之间的距离近，教研活动开展起来比较方便、快捷、高效。各集团和联盟，均成立了理事会机构，由其中一个副理事长具体负责集团联盟大教研体系建设工作。

2．初小衔接大教研，主要有“一下”和“两上”共三种形式。“一下”指初中语文、数学、英语三个学科的教师，下到招生对口的小学，与小学六年级老师一起开展同课异构课堂教学活动。“两上”分为两块，一是组织小学六年级教师和优秀学生到初中学校体验初一课堂；二是组织小学六年级优秀学生及其家长到初中学校开展参观交流活动。

3．初高衔接大教研，有紧凑型、交流型和课题型三种形式。紧凑型，比如容桂实验学校与顺德一中签订委托管理协议书，由顺德一中派出管理团队入驻学校，实施基于紧凑型集团化办学的教研深度一体化；交流型，比如容桂外国语学校与容山中学在不改变两校原来的管理体制与组织架构的前提下，实施初、高集团化办学，实施资源共享基础上的教育教研交流与办学合作，探索初、高中六年贯通人才培养模式；课题型，比如以容里中学为代表的“顺德一中初高衔接课题实验班”，通过分层教学及其研究，增强初中输送优秀人才的能力。

（三）优化大教研服务，提升一体化教研综合质量

容桂街道教育教学研究室积极履行教研服务引领的职责，通过“教学视导”“送教进校”“导师上门”等形式，为学校教研工作的开展提供指导和服务。

1．教学视导。由基础教育管理股主抓学科教研的干事牵头，带领相关学科中心教研组成员，到薄弱学校开展教学视导工作。采取随堂听课、面对面探讨、集中大研讨、

给出指导意见的方式，对薄弱学科薄弱教师进行教学教研指导。学校校长和主管教学教研工作的行政及中层干部在这个过程是全程陪同的，除了面对面探讨以外，均是集中性、开放性的研讨与指导，目的是为了切实有效地帮助薄弱学科薄弱教师改进教学方法，提高教学效率，学会教学研究。

2. 送教进校。根据学校的申请和街道层面的教研工作计划，把街道级以上层面一些重点的、大型的教研活动，送到某间学校，由他们来承办，在服务于全街道教研提升的同时，为其学校教研给予“近水楼台先得月”的特殊性照顾。

3. 导师上门。为在教学教研方面有培养前途和发展空间的青年教师，选配名师作为其导师，以学校的名义颁发导师聘书，采取“师徒对接”的方式，对其教师及学校整体教研提供专业指导和服务。这方面工作，以学校自发行为为主，街道教育教学研究室层面主要是提供沟通协调方面的帮助。

二、致力于教研专业能力建设，提升教研专业化水平

教研专业化水平，决定了教研工作的质量。容桂坚持专业原则、专业态度、专业精神，通过“队伍建设专业化”“课程建设专业化”“课题研究专业化”等途径，推动教研工作实现专业化发展。

（一）带好教研员，促进队伍建设专业化

容桂坚持遵循人才发展与成长培养规律，以专、兼职教研员为主力军，围绕专业素质提升和引领作用发挥，着力打造一支名优教研队伍。

1. 组建教研队伍。分学段、分学科聘任 24 名业务水平高、教研能力强的“特聘教研员”。同时，在各学校推荐的基础上，选拔聘任 145 名“中心教研组成员”。24 位“特聘教研员”和 145 位“中心教研组成员”，组成了容桂街道的中心教研组，是教研专业化的队伍保障。

2. 完善教研制度。研究制定了《容桂街道特聘教研员聘任与管理办法》《容桂街道特聘教研员考核细则》。为了提高特聘教研员的工作积极性，还在街道年度奖教基金项目中特设了“优秀教研员”奖，根据其年度考核情况，按等级给予一等奖 10 000 元、二等奖 8 000 元、三等奖 6 000 元的奖励。

3. 推进教研活动。以中心教研组为单位，按学年制定教研工作计划。通过考核驱动，推进教研工作开展，鼓励教研工作创新，支持教研成果展示。并根据实际需要，联合开展“跨学科”教研活动和“名师大比拼”“与名师同行”等一系列教研活动。

（二）抓实新课改，推动课程建设专业化

基于“课程立品”的思想，容桂与华东师范大学教育学系签订“教育战略发展项目合作协议”，借助其专业、人才及教育资源等方面的优势，通过“高校助推”的方

式，制定学校课程建设指导意见，设立课程建设实验学校，推进课程建设，改进课程实施，为教研专业化提供课程支持。

1. 制定课程规划。华东师范大学教育学系容桂街道学校课程建设项目团队，通过基地调研、学校问诊、专家联席、头脑风暴、规划论证等途径，采取大数据技术手段，对课程建设定位、概念、内容、发展机制、活动载体、制度保障以及区域层面的政策倾斜等问题进行深度研究与分析，对课程建设的主题项目、框架体系、实施策略等进行系统化梳理，指导学校完成课程建设规划的制定。

2. 实施课程建设。以落实人的核心素养为指向，全面推进课程建设规划的实施。一是实施系统课程建设。按照课程建设规划，立足校本实际，有效整合资源，按照“内生、互动、发展”三个基本原则，大力开展系统性系列化的课程建设工作。二是推进精品课程建设。通过“五个一”，即一个教学大纲、一套校本教材、一节示范课、一个微课视频和一篇个人成长反思，推进学校精品课程建设。

3. 开展评估验收。在课程建设项目中期，以“研讨”的形式，对学校课程建设进行联席指导，进一步完善学校课程建设工作思路，加快推动全课程大融合。在课程建设项目终期，按照“课程介绍、课堂展示、专家点评”的形式，开展课程建设评估验收暨精品课程展示活动。其中，容山小学的容课程、南环小学的美善课程、瑞英小学的启悟课程、容桂小学的和韵课程、容里小学的润课程、容桂外国语学校的博雅课程等学校课程建设成果丰富，特色突出，起到了示范引领作用。

（三）做强教科研，实现课题研究专业化

课题研究是最实在、系统、深入，最能集中体现教研主体性，也最能展示教研成果的教研工作之一。容桂高度重视中小学课题研究工作，努力做强教科研，充分发挥其对教学改革的方向引领作用、理论支撑作用和工作促进作用。

1. 建立课题研究统筹与指导机制。目前，容桂中小学正在研究的课题共 115 个。其中，国家级课题 18 个，省级课题 36 个，市级课题 8 个，区级课题 53 个。对此，容桂进一步健全起课题研究统筹与指导机制，大力提倡借助教育教学理论的指导，不断发掘有价值的教育教学现象，并以其为研究对象，运用相应的科研方法，创造性地对其进行有目的、有计划的教育教学规律探索和研究，以解决教育发展和教学改革中的新问题、新情况。

2. 开展课程建设的配套课题研究。由华东师范大学教育学系向每所课程建设实验学校派出课改副校长，将课程建设规划分解为 3 ~5 个子课题。由学校组织成立相对稳定的教研团队，由教研组各认领一个子课题，开展配套课题研究。通过课题引领，结合特色课程联动开发、升级推广及互通共享策略，全方位推动课程建设规划的落实。同时，鼓励学校在子课题研究的基础上，积极申报市级、省级和国家级的各项课题，争取更大的发展平台。

3. 注重基于教学实践的课题研究。以名师工作室和学科中心教研组为阵地，开展课题研究交流研讨活动，引导教师着重开展基于教学实践的课题研究，在实践工作中探索并形成解决问题的有效途径，研究成果注重运用于解决教学中的实际问题。严格按照国家课程方案和课程标准实施教学，确保学生达到国家规定学业质量标准。发挥课题研究的理论指导作用，引导教师深入理解学科特点、知识结构、思想方法，科学把握学生认知规律，上好每一堂课，为教学改革提供有力的专业引领和智力支撑。

三、着眼于教研未来能力建设，实现教研智能化发展

当今世界已经进入以“人工智能”为代表的生命3.0时代，容桂街道紧跟时代步伐，在教育信息化大潮中，积极推动教研智能化，创新教研形式，提升教研质量。

（一）镇域谋划，实施教育信息化2.0行动计划

《容桂街道推动教育高质量发展实施方案》明确提出：引入智慧课堂、大数据精准教学和个性化学习系统，制定并实施教育信息化2.0行动计划，推进“教育+互联网”发展。

1. 持续加大教育信息化投入。2014—2019年，容桂投入超过5 860万元，对学校信息化装备进行升级。未来3年，预计投入7 000万元用于学校信息化提升，建立覆盖义务教育各年级各学科的数字教育资源体系，实现教学应用、数字校园建设全覆盖，积极探索基于互联网的教学，深度促进信息技术与教学教研融合应用。

2. 组织智能教研考察学习。先后组织中小学校长及教学教研骨干等，赴深圳锐取科技公司、柴火创客空间、中科创梦空间、FAB全球开放创新实验室，佛山禅城关爱协会、广东小镰刀科技研究中心，上海市闵行区教育学院等地，开展关于大数据平台、云录播、智能教研建设与应用的专题培训和考察学习活动，借鉴先进地区工作经验，推动智能教研工作在容桂落地。

3. 加强与高等院校的合作。巩固和发展与华东师范大学、复旦大学等国内知名高等院校的教育项目战略合作关系，引入优质教育资源并充分发挥其辐射作用与造血功能，为容桂的教研智能化提供专业支撑。以“育美品牌创建”项目和“区域性初中学业质量提升”项目为龙头，加强对“新课程”“新中考”的深度研究，以教研促教改，建设特色学科，打造智能课堂，提升课堂教学质量，让容桂学子留在家门口享受新时代的优质教育。

（二）点面结合，加快推进容桂教研智能化

在教育信息化2.0行动计划的驱动下，容桂采取集团、学校“点面结合”的方式，加快推进教研智能化，实现区域内跨校“实时互动课堂、实时互动教研、实时初小衔接”3个实时同步，“名师课堂共享、优质课例共享”2个课程共享和1个智能“资源

无缝对接”，用教育教学资源智能化共建共享，促进教育教学质量的整体提升。

1. 集团智能大教研先行先试。容桂育美教育集团于2017年完成录播室建设，并逐层开展了业务培训和技术指导。立足集团智能大教研管理平台，建立起集团智能大教研“学习共同体”。以集团课程开发研究和教师发展中心为统筹，以集团育美名师专业引领为策略，以智能大教研工作计划为驱动，定期组织开展网上集体备课、网络公开课、网络评课、专题研讨、解惑答疑、课题研究等智能大教研活动，集团教师也按照要求及时把教案、课件、试卷、习题、录像、案例、论文、反思、总结等实用型的教学教研资源上传到“育美课堂360云盘”，实现集团资源无缝连接和无限共享。

2. 初中学校智能大教研多点开花。文华中学引入高分云平台，建构以学定教和互助互学为核心的“互联网+”翻转课堂教学模式；容里中学开设智能特色班，推进平板电脑进课堂，探索交互式智能课堂教学模式；兴华中学开设机器人特色班，探索人工智能进课堂；容桂外国语学校建设智慧课堂教室，整合粤教云平台、爱学派平板资源、翼课网英语教学的智能化同步教学平台，开设以科创为龙头的特色课程，探索创新型人才培养新模式。

3. 充分发挥学校的教研主阵地作用。以学校为阵地，坚持和完善集体备课制度和智能教研制度，指导和鼓励教师充分利用信息化智能手段，认真制定教案。利用智能平台指导学生做好课前预习，并结合预习反馈做好二次备课。坚持教师主导地位，融合运用传统与现代技术手段，注重教学相长，探索情境教学，构建启发式、互动式、探究式教学模式，引导学生主动思考、积极提问、自主探究。建立基于信息化手段的质量监测和智能分析系统，精准分析学情，重视差异化教学和个别化指导。通过街道大教研活动，聚焦课堂教学质量，培育、遴选和推广优秀教学模式、教学案例。

综上所述，教研兴，则教育兴；教研强，则质量强。近年来，容桂以广东省第二轮教育强镇复评为契机，围绕打造粤港澳大湾区新时代教育高质量发展高地的目标，聚焦质量提升，坚持科研兴教，不断加大对教育基础设施和教育信息化的投入，实施教育信息化2.0行动计划，在切实提升教研基础能力和专业能力的基础上，大力推动教研智能化发展，助推容桂教育实现更高水平的优质均衡发展，取得了一系列可喜的成绩：连续五年获评为“顺德区教育工作先进镇”；顺利通过广东省教育强镇复评督导验收；全街道教学质量整体稳步提升，特别是中考尖优生培养成效突出，全区前6 000名1 157人，全区前3 000名546人，均位居全区第一；中考各学科平均分都在进步，其中总分进步2个名次，历史进步5个名次，数学、化学进步3个名次，道德与法治进步2个名次，物理进步1个名次，语文、英语保持原名次。

顶层设计构建善乐课堂　区域联合打造教育品牌

——乐从镇区域联合教研暨课堂教学改革工作报告

单位：乐从镇教育局　执笔人：李照海　钟玉梅

摘　要：乐从镇在课堂教学改革的进程中，开创善乐教育的先河，构建善乐课堂，探寻高效的课改新模式。成立了以“乐课坊”为平台的乐从教育集群，实现了资源共享、优势互补和合作共赢。我镇的课堂教学改革吸引了省内外兄弟学校前来观摩研讨。区域联合教研成了一项常态活动，专题讲座、同课异构、课题研究、优秀课例展示等活动有规划地开展，以“乐课坊”网络平台为支撑，通过系列具体的研究，推动了我镇教育集群各校的教育观念、教学水平、办学能力与特色的提升。

关键词：善乐教育　区域联合教研　教育集群

一、基本情况

（一）背景缘由

乐从教学改革，不是“穷则思变”的被动变革，而是为了适应乐从社会发展及教育改革的主动突破，是一种具有前瞻性的教育战略总动员。

1. 区域经济社会发展之需。

乐从镇，位于佛山市顺德区的西北部，素有“中国家具商贸之都”“中国塑料商贸之都”“中国钢铁商贸之都”之称，是广东省省级中心镇之一，是全国第二批特色小镇。

根据佛山市城市发展规划，乐从镇已全面融入佛山市中心组团（佛山新城）建设。得天独厚的区域优势，现代化、城市化、国际化、信息化、一体化的发展趋势，倒逼教育要快马加鞭，勇立潮头。新城建设，新城发展，教育理当先行，理应引领经济发展，为社会和谐服务。

2. 区域教育均衡发展之需。

乐从镇共有15所中小学，义务教育阶段学校包括了3所初中，11所小学，1所九年一贯制学校（民办），46所幼儿园。在读中小学生共计29 972人，入园幼儿共13 000人，在职中小学教师共1 738人。

顺德区政府实施简政放权后，镇教育局担负起镇域教育管理、指导、服务、督导等职责，许多新的问题亟待研究和解决。为进一步统筹教育资源，促进区域教育均衡发展，镇教育局谋划建立了“顶层设计、学校协同、资源共享、特色衔接、共同发展”的教育集群机制，并以中小学课堂教学改革为切入点，寻找解决薄弱学校发展、全面提高教育教学质量的路径与方法，借此实现区域教育的均衡发展，这是提质增效、顺乎民意的可行之道。

3. 区域未来人才培养之需。

传统教育侧重于教的研究，忽视了对学习者及其学习活动的研究，学习者在学习中的主体地位没有真正落实，其主体性发挥受到了极大的束缚，学习者的学习主动性、积极性受到了很大的压抑，学习者的创造能力没有得到很好的培养。教师固守传统观念，把守传统课堂，课堂教学效率不高，“满堂灌”“一问一答式”“机械训练式”仍然是教学的主要形式。很多教师把知识传授和解题训练当成是教学唯一的内容，忽视了思维能力、情感意志的培养，教学形式单一，机械训练，题海战术，课堂教学僵化沉闷，学生的学习兴趣和生命价值追求得不到激扬，学生的可持续性发展能力得不到提高，导致学校教育质量遭遇瓶颈，难以持续提升和取得新的突破。

基于以上各方对乐从教育改革的需求，乐从镇教育局精心策划，自上而下、自下而上地反复论证，首创构建了“双圆四主”善乐教育体系。自此，乐从教育改革走上了善乐教育的探索发展之路。

善乐教育打造的是“善乐课堂”，善乐教育统领下的善乐课堂，打破传统教学壁垒，剔除传统课堂诟病，实现教师华丽的转身，是学习方法的革命：由教师“教为本位”转向以学生“学为重心”；由对学生不放心、不放手，转向信任学生、鼓励尝试、提倡质疑；由教师一味执行教学设计，转向基于学生的理解水平与学习状态而进行的再创造；由教师只关注自己的目标需求，转向关注学生学习过程中的生成性问题。教师不再牢牢掌控课堂，而是注重“让”和“隐”：让出话语权，让出探究权，让出学生的主体地位；隐身为主持人，隐身为引导者，隐出学生精彩的绽放。

基于此，“善乐课堂”对学生而言，强调“乐学”和“善学”。“乐学”，指学生快乐地学习，愿意去学习；“善学”，指学生找到学习的规律和方法，形成学习的能力，从被动接受到自主学习。“善乐课堂”对教师而言，倡导的是“善教”和“乐教”，指教师有能力教会、教好学生，且在教授的过程中享受教学的快乐，最终促进学生“善学”“乐学”。

善乐教育，以人为本，视野开阔，目标高远，极具战略眼光，在思想意识上铺就了一条看得见未来的突围之路。

（二）推进思路

教育改革的突破口和主阵地在课堂。教与学的相辅相成作用以及伴随而生的矛盾与困惑，一直是每个教育无法回避的话题。然而，课堂教学如同一个人完整的思维一样，应该成圆形的，一半“实圆”，一半“虚圆”。实圆是输入，就是教师烦琐讲解、照本宣科、灌输填鸭，学生被动接收、死记硬背、机械应考。虚圆是输出，就是敢于质疑、主动探究、自由组合、自主发挥。

基于这样的认识，为达成教学“输入型”和“输出型”相统一的愿景，乐从教育人创造性地提出了“圆形思维”理论，构建了具有乐从特色的“双圆四主”善乐教育体系。其基本结构如图 5－11 所示：

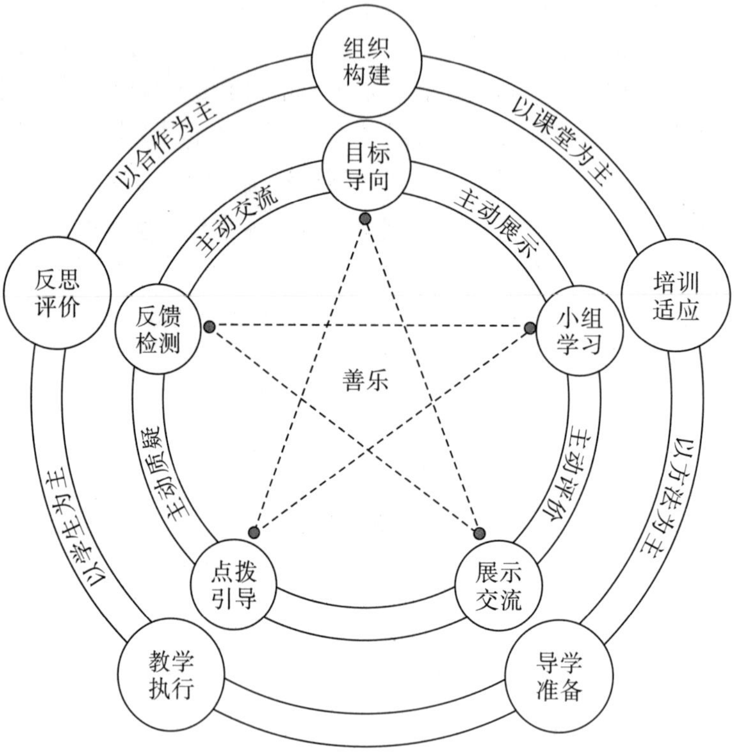

图 5－11 “双圆四主”善乐教育体系示意图

双圆：从宏观愿景来看，双圆，表达了乐从教育人圆基础教育发展之梦，圆学生学习成长之梦的决心和追求，是发展目标的定位。从具体形态来看，双圆驱动，内外借力，全面推进课堂变革，促进教育发展。外圆为统筹之圆：“组织构建—培训适应—导学准备—教学执行—反思评价”，彰显教育之力；内圆为执行之圆：“目标导向—小组学习—展示交流—点拨引导—反馈检测”，完善课堂之形。

必须特别指出的是：在内圆，有五条虚线，代表内环的几个基本环节可以任意组合，灵活调整，不必拘泥固定的课改模式和教学流程。在每一个环节，“师”和“生”互动交流，“教”和“学”同构互生。其中，“点拨引领”，既是教师“导学”预设的课时重点提示或示范，又是课堂参与学生讨论交流后的即时调控，显示老师的学科专业素养和课堂管理智慧；既是教师的引领，又是优秀学生的课堂示范。“反馈检测”可以是开课前的预习检查，是课中主要问题解决的即时反馈，也可以是课堂结束前的集中测试。

四主：乐从教育改革要坚持“以学生为主、以合作为主、以课堂为主、以方法为主”的原则；课堂教学改革要将“以生为本”的理念转化为师生的教学行为，让学生在小组合作学习中“主动质疑、主动交流、主动展示、主动评价”。当然，具体到某一学科的自主学习活动，一线老师可以有更多具体的解读，但是，“四主”是基本的定论。

善乐：善——善教善学，教善学善。乐——乐教乐学，教乐学乐。“善乐教育”紧扣新课程改革的“三维”目标：从方法上看，要“善教”“善学”；从情感和态度方面看，要“乐教”“乐学”；从价值观看，要“教善”“教乐”，“学善”“学乐”。

“善乐”教育，放在“乐从”这个特定区域，并将“乐从”的“从”字拆为“人人”，取意“人”与“人”共学相长，“生”与“生”同学并行，“师”与“生”互学提升，最终促进乐从学子合作学习，善于学习，快乐学习，从“学”、从“真”、从“善”、从“美”——“乐”“从”真善美。图示如下：

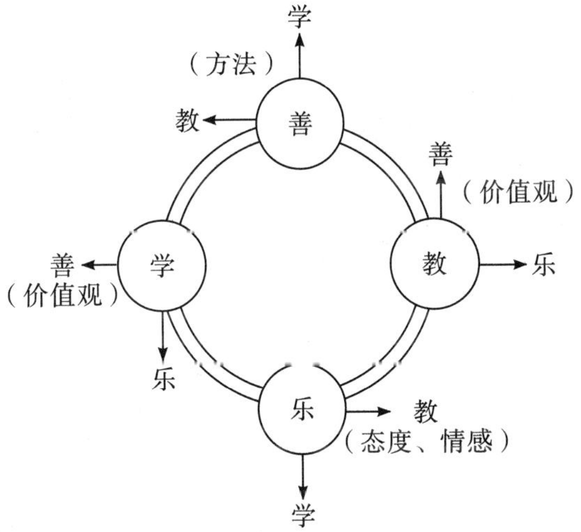

图 5－12　“善教乐学”概念示意图

（三）开展情况

经过镇教育局精心策划和自上而下、自下而上的反复论证，“双圆四主”善乐教育品牌化发展战略的实施走出了一条“顶层设计—试点先行—有序推进—督导验收—反思提升—集群效应”的探索之路，并在品牌战略发展的三个层面上进行整体思考和综合设计：战略上顶层思考，点面结合，全面铺开；战局上试点先行，以点带面，边试边改；战术上行动跟进，重点突破，边改边推。

1. 顶层设计的镇域战略。

“善乐教育”改革的总体目标是：面向全体，以“善乐课堂”模式的建构为突破口，建立以学生自主学习为重点的新型师生关系，改变教师的教学方式和学生的学习方式，打造师生民主和谐、平等交流、多维互动、信息共享、具有生命发展意义的崭新课堂，彻底改变低效甚至无效的课堂局面，全面提高课堂教学效益，促进师生共同成长，推进以培养学生创新精神和实践能力为重点的素质教育。

整体部署，系统推进，是乐从镇域课改的一大特点，可以概括为“三三四”。

“三大策划”，指的是三大活动的评选：课改好学校——课改促学校特色的形成，实施“一校一品”；课改好课——成立课改研究室，以案例研究促教师专业发展；课改好人——“课改名师”的评选及课改先进校长、优秀学生、优秀家长的评选。

“三项重点”。一是学习借鉴，分别赴山东、江苏、广西、浙江、湖北襄樊、重庆、海南、深圳等地学习课改经验，汲取课改动力；二是主题研究，围绕课改出现的新情况、新问题，先后组织了课改模式研究、学科问题研究、学科建设交流、“圆形思维”研究等；三是展示推广，组织了全镇、全区、全市、全国等各级别的课改优质课和课改优秀成果展示活动。

“四方聚力”。通过外出学习、校长沙龙、行政晒课等活动，转变校长的观念，牵住牛鼻子，整体推动实施课改；通过讲座培训、专题引领、教学研究、全员验课等策略，转变教师的观念，撬动课改行为；通过小组建设、分段培训、有效评价等过程，激发和调动学生学习的主动性；通过引进第三方管理、家长观摩课堂、媒体报道等形式，争取社会和家长对课改工作的支持。

2. 试点先行的推进战局。

在“系统教育、决战课堂”战略思想引导下，我们从初中到小学定试点，分别选择了沙滘中学、大墩中学、桂凤中学三所初中和罗沙小学作为第一批开展课堂教学改革的学校。从 2012 年镇教育局下发初中课改试点的文件后，镇教育局连续就推进课改工作下发了四个文件，目前逐渐形成中、小学课改联盟、镇内学科联盟、区域校际联盟，加速了课改推进的步伐，推动了镇域教育的发展。

3. 模式构建的行动战术。

“善乐教育”是一个系统工程，其中，“善乐课堂”的模式构建是重点中的重点。在镇“双圆四主”的基本模式下，各校自主探索出符合本校实际的新模式，呈现了课堂教学模式的自主构建态势，如罗沙小学的“六环‘三学’”生命课堂模式、东平小学的“问题导学”课堂教学模式、桂凤中学的“352”互助课堂教学模式……在这些校本特殊模式下，还有各学科的变式，变式下又有具体的课堂行动改进策略，并以具体的学科案例呈现。不同学校、不同年级、不同学科的模式不同，呈现出多元化的教学生态，形成了乐从的课改特色，“研模—建模—展模—脱模—无模”的课改思路逐渐清晰起来，突出学科教育的科学性、严谨性和灵活性。

综上所述，“善乐”课堂教学改革走了一条自上而下顶层设计与自下而上微观自主实践相结合的路子；一条课改思想、政策制度、实施行动和管理评价四位一体系统设计和整体推动的路子，是镇域“小课堂撬动教育大发展”的实践做法。

二、经验和做法

（一）圆形思维谋定课改格局

乐从课改自开始以来，是在圆形思维理论及“系统教育，决战课堂”的战略思想的引领下，以极强的领导力，统揽全局，整体部署，协同发展，系统推进，走出了一条“顶层设计—试点先行—有序推进—督导验收—反思提升—集群效应”的善乐教育品牌发展之路，形成了“三大战略、三个战局、三种战术”的课改大格局。

（二）小课堂撬动教育大发展

自推进课堂教学改革以来，我们构建了具有乐从特色的“双圆四主”善乐教育体系。“善乐”教育体系内涵丰富，涵盖教育发展规划、教师团队打造、德育体系创新、课堂教学改革、校园文化建设等多方面。各中小学在善乐教育的引领下，课改内容呈多元发展态势。

导学案的编制秉承“双圆四主”的思想理念，以学校课堂教学模式为格局，发展成了导案、学案、导学案三种形式，并构建了学科电子备课的文本格式与模版，导学案的使用更加灵活，更有学科韵味。

学习小组是课堂进行的基本单位，目前学习小组的建设更具有科学合理性，小组管理进一步精细化，学生合作学习方式在持之以恒的培训下更为熟练，小组合作的评价机制更加丰富，学习小组从形态走向生态，形成了一定的小组文化。

课堂教学改革形成了“外圈品牌资源”，课改中的文化呈现全面开花的格局：罗沙小学将小组管理的触角延伸到饭堂以及学生社会实践活动中；乐从小学推出4A交通风景区建设和大课间活动升级版；水藤小学的六雅八园体验区建设。各个学校借着课改的东风打造校园文化，如：红棉小学的红棉文化、东平小学的慧指文化、路州小学的武术文化、沙滘小学的水润文化、沙滘中学的慧雅文化、桂凤中学的感恩文化等等。

（三）镇域联合探索联合教研新模式

在联合教研的探索上，乐从镇创新性地成立教育教学研究中心统筹镇域教研，借此全面推进校本教研工作，加大我镇教育教学研究的力度，积极探索教育教学改革的新思路、新方法、新模式，发现、培养一批学科教学骨干，充分发挥学科专业教师在我镇的引领、示范作用，推广有一定影响的教育教学研究成果，全面提高教育教学质量。

教育教学研究中心是镇教育局直接管理的学术研究机构，自觉策划镇级教育研究或学科教学研究活动、教师专业能力培养活动及学术成果推广活动等。教育教学研究中心由镇教育局选聘中小学、幼儿园专业性强，有一定组织能力的学校行政或学科教师组成，镇教研员负责领导和统筹本学科的各类教研活动，根据小学和初中学科实际情况，初中部分学科增设备考组，小学部分学科增设命题组。

教育教学研究中心主要职能如下：

一是教育研究。每学期统筹、策划、落实至少两次以上教育教学研究活动，通过开展灵活多样、讲求实效的学科培训、问题调研、集体备课、课堂研究、质量分析、教学反思等主题教研活动，不断探索和改进教学方法，优化课堂教学，提高教学水平，全面提高学科教学质量。

二是学科视导。采取常规检查和听课评课的形式，对各校开展诊断式视导、整体视导，发现教学中的问题，及时向各校提出改进教学的指导性意见和建议。

三是骨干培养。整合镇内教研资源，精心打造乐从镇学科骨干教师队伍，挖掘、培养学术骨干，搭建学科成果推介的平台，参与各校学科组大型校本教研活动，为学科教师专业发展水平的提升提供专业服务。

四是课题研究。以学科小课题研究为重点，积极承担或指导本学科教师开展教育科研课题研究工作，着力研究解决学科领域中的教学实践问题和学科发展方向问题，以及热点、难点问题，组织学术研讨会和经验交流会，推广先进的教育教学经验，总结并推出本镇有一定影响的学科研究成果。

五是学生培养。组织开展镇级学生竞赛或特长展示活动，培养学生学习的兴趣，发展学生的个性，提高学生的素质。

六是考试阅卷。承担学科教学工作考核、教学质量检测等任务，加强学科评价研究，做好学科考试的命题、阅卷和试卷分析工作。

七是参与活动。积极组织本镇内学科教师参与区教研部门安排的各项教研活动。组织参加市、区各项教师业务竞赛，如论文、案例、课件、教学设计、说课、教学基本功比赛等。

八是档案资料。每学期初制订本学科的学期工作计划，学期结束时，上交工作总结，并附活动方案、实施过程、主要成果等电子资料。

九是试题命制。对照学科命题指南，结合学科课程标准学段目标、教材相关内容、教学重点难点和核心知识，遵照命题的架构、题型等一贯规律，科学、合理、规范地编制全镇教学质量抽测、统测试卷和专项能力检测试卷。

相关待遇如下：

一是镇教研员在校内享受学校科组长待遇，有条件的学校酌情减少教研员的工作量。

二是镇教育局每月给予镇教研员、备考组、命题组成员一定的教研津贴，每学期考核合格后一次性发放，每人发放金额由教育局根据考核情况确定。

三是镇教育局每学期给予镇教研员、备考组、命题组一定的教研活动经费，每学期发放，根据需要活动经费可以调整发放学科。

由教研员挑选教育教学水平高、有一定创新能力的骨干教师根据学校存在的实际问题进行专题研究，从而促进全镇教育教学水平的提高。从活动经费中对进行专题研究的骨干教师发放补贴。教研员组织学科研究活动，及时向镇教育局申报活动的具体执行方案，包括活动主题、时间、地点、程序、成果和主要参与者等资料，同时向镇教育局提供活动补贴名单，从活动经费中发放补贴。

四是镇教研员、备考组、命题组成员优先享受区、镇组织的业务培训、参观学习，优先享用上级部门提供的教研科研资料和信息，在推选市、区骨干教师、学科带头人、职称评审等方面享有优先权。

考核评价：每学期，镇教育局依据《乐从镇教研人员考核表》对教研工作进行考评，考核不合格只发放部分津贴或不发放津贴。

（四）教育集群推进区域联合

1. 建立资源共享为主的教育集群。

乐从镇建立了“乐课坊”网络平台，及时发布关于全镇教育集群的课程信息并进行资源共享建设，此外还建立了教育质量监测中心等区域联合发展的支撑平台。全镇教育集群内实行教学硬件、软件、课程、师资等教育资源的共享。例如，“乐课坊”的“高效课堂”活动、教师教学反思活动等，平台及时发布信息，集群学校无偿共享。在区教育局的领导和乐从教育人的共同努力下，乐从镇教育集群资源共享的目标已经基本实现，乐从教育集群的实验取得了初步成功。

2. 横向发展构筑集群的精品课堂。

乐从镇教育集群突破了学校间的边界，实现了课程资源开放共享、优势互补，不断打造出新的精品课堂，构筑区域精品课程体系。例如每年评选的“乐从课改好课”，由镇教育局组织，各校教师积极参与，听课、评选、观摩、学习。乐从镇立足于教育改革的优良传统，借目前课改教育平台，探索出善乐课堂的高效模式，推陈出新，打造区域联合的精品课堂。

3. 纵向联合做好各学段衔接工作。

学生个体的成长是一个连续的过程，这种连续性体现在其身心发展的各个阶段及其教育的不同阶段，这些阶段应该是相互联系或衔接的，它要求教育的每个阶段都应该充分考虑彼此间的过渡与衔接。目前，因学制等原因，中小学在教学目标、教学方式、教学内容、评价方式等方面没有做到较好的衔接与延伸，这些都严重影响了学生教育的连续性。乐从教育集群打破了学段限制，组织各学段教师联合教研。例如：成立了乐从镇小学命题中心教研组、乐从镇初中备考教研组等，做好学段连接工作，在此基础上，尝试着开发贯通学段的课程体系。

三、成果和影响

品牌队伍集群、品牌项目集群、品牌学校集群，乐从教育着眼未来的愿景正逐步实现。

（一）办学水平提升

乐从的善乐教育已然融入辖区各校的办学理念、学校管理、师资培训和校园文化等方方面面，形成了“外圈品牌资源”，呈现全面开花的格局。

一是项目驱动，特色办学。各学校通过整体规划，挖掘和打造学校特色，“一校一品”建设成效凸显，如大墩中学加强“‘定向越野’体育课程建设”，沙滘中学“以漆画促艺术教育发展”，桂风中学的“版画基地建设”，乐从小学的“4A交通风景区建设”，东平小学实施“德育实践课程建设”，罗沙小学探索“‘六环三学’生命课堂教学模式”，等等。

二是内涵发展，文化立校。各中小学充分挖掘学校文化内涵，逐渐在区域内形成了有一定影响的校园文化，如桂风中学的“感恩”文化，红棉小学的“红棉”文化，罗沙小学的“沙”文化，东平小学的“慧指”文化，路州小学的“武术”文化，沙滘小学的“水润”文化，劳村小学的“勤劳”文化，大闸小学的“科技”文化，明德小学的“道德”文化，等等。

三是课程建设，改革升级。课堂教学改革最终目标是与课程改革相结合，并协同发展。以前，基于乐从镇师资力量的考量，我们先从课堂教学改革入手；如今，我们欣喜地看到，善乐教育引领各校在课程改革这个领域进行了大胆地探索。如，东平小学的融课程，乐从小学的大课间活动课程，沙滘中学的慧雅课程，水藤小学的雅智课程，红棉小学的非遗课程，等等。乐从课改人永远坚定地走在课改的路上。

（二）师生内涵升华

教育部长陈宝生说：课改是一场技术革命，要改变一言堂和满堂灌的课堂模式，要相信学生，解放学生，培养学生自主学习的能力。

一是教师树立了正确的学生观。目前，全镇教师把“学生是学习的主人”“以生为本”“为了每一个学生的发展”等教育理念转化为实际的教学行为放在首位，课堂教学注重开放和生成，努力构建师生交往、生生互动、共同发展的充满生命活力的课堂教学运行体系，让每一节课都成为不可重复的激情与智慧综合生成的过程；同时，教师把学生看作是有感情、有个性、正在发展中的人，教学能够面向全体、尊重差异，提供适合每一位学生的具有个性特征的学习方法，激发学生主动参与、体验成功，让每个学生有不同程度的提高。

二是教师彰显了全新的教学观。纵观现在的乐从，每一所学校，每一间教室，每一个课堂，课桌不再是秧田式摆放，而是单元小组；教室的中心不再是黑板和讲台，老师在学习小组间走动，给每个学生以等距离的“关爱”；老师不再是知识的讲授者和权威的评判者，而是学习的设计者和主持人。善乐课堂，因为构建了以自主与交流为基础的学习共同体，将学习的主动权交给了学生，因为倡导了合作与探究为途径的学习形式，将学习的目标引向了深层次。

三是团队提高了项目的执行力。课改不是学出来的，而是做出来的。镇域各校均确定了课改三中心：首先是以行政、骨干为主的课改问题研究中心；其次是科长、备课组长为主的学科课堂模式构建中心；最后是以级长、班主任为主的小组建设中心。各校务实开展导学案集体备课研训。各学科教师备课的重点是编制导学案，坚持“四备制度”：课前通过一备（轮流主备）、二备（集体研讨）、三备（个性化补充），课后还要进行四备（撰写教学后记，重点评价课堂效果，分析得失，提出完善意见）。导学案虽然只是一种形式，但是通过对导学案的研究，教师们集体备课的目的性更强，课堂效益也有了本质飞跃，成为学校教学质量提升的一个重要增长点。

四是学生演绎了课堂的新常态。善乐课堂是学生发展的课堂，课堂不再是少数优生展示的舞台，而是所有孩子共同学习的地方：课堂不再是小手直举，小口常开，而是同伴间互动，轻声讨论，安静地思考；在对学中互助，在群学中交流，在展学中合作，课堂成了平等、和谐、民主的乐园；独学、共学、群学，交流、展示、检测，每个环节、每个流程学生都全员参与、全程参与；从容发表见解，不受教师权威的束缚，语言表达能力明显提高，自信心明显增强。这样的课堂，让学习真正发生，让我们看见学习。

善乐课堂，改变的不仅仅是学生的学习方式，还有情感、品行和能力；善乐课堂不仅仅是知识的课堂，还是生命课堂、文化课堂。课改之后，受益最大的是乐从的中小学学生，他们的精神面貌、学习方式、学习习惯、学习效率均发生了重大变化。《中国教师报》广东站站长马朝宏2014年参加了罗沙小学的课堂教学改革成果展示活动后这样评价：“乐从镇课改现场会暨罗沙小学课堂教学改革成果展示活动的节目是表演，更是展示。孩子的眼神中透露出了发自心底的自信。台上演，台下也在演，所有的节目都是课堂的延伸展示。老师让每一个孩子都有了自己的舞台，真正尊重每一个孩子。这样的办学理念，这样的教师团队，这样的课改形态让人敬佩。三千多幅创编作品的展示，是学生成长的足迹，是学校课改的脚印，这样大规模、全方位的展示在全国还是首次。”

（三）镇域影响扩大

近几年，乐从的高考连创辉煌、中考质量全面提高，小学发展呈现多样性和均衡性，2003 至今，十次被评为顺德区“教育先进镇”。可以自豪地说，是课改引发了乐从教育的全面改革，是课改撬动了区域教育的综合发展。广东省教育厅基础教育处赵琦副处长对乐从课改推进的系统性和整体性表示震撼，说从未见过用这么大的力度和策略来推进课改。在众多调研学校中，罗沙小学无疑是广东省课堂改革最好的学校，能在村一级学校听到成效如此大的课改课，内心感到无比震撼。罗沙小学的课改，真正让老师成为课堂的引领者和指导者，最大限度地发挥了学生的潜能和智慧，培养了学生的学习能力、归纳能力、表达能力，有利于学生他日走上社会后，有更好的社会生存生活能力，成为有用之才。

为了推进课改，乐从搭建了“乐课坊”课改交流平台，组织了体育大课间评比活动，加强了“三支队伍”的培训，创新了学生文明体验德育课程……镇教育局先后出版了《新课程满载而归——乐从镇学科组建设成果集》《乐教探道——乐从镇中小学校长论坛成果集》《突围——乐从镇全面推进课堂教学改革资料集》《佛山新城、乐从镇“善乐教育”规范与指南》《乐从镇“善乐课堂”学科教学研究案例集》《乐从镇教育发展报告》《一个小镇的教育名片》《看见・善乐》等书籍，这一切才是乐从教育的全貌，不是一个简单的“课改”可以定义和涵盖的。

随着课改进程的不断深入，善乐教育的辐射范围更为宽广，辐射力更具强劲。自课堂教学改革实施以来，全国各地志同道合的课改人慕名前来，我们先后接待了来自湖北、四川、广西、海南，以及广东的广州、珠海、东莞、韶关、清远、汕头、肇庆、云浮、江门、廉江等多地超过 500 所学校或教育部门的实地调研、课堂观摩、跟岗学习。同时，我们也乐于走出去，与同行分享经验。桂凤中学将课送到了广西桂林、广东肇庆等地，乐从小学将课送到了广西博白，东平小学将课送到江苏南通的课博会上，罗沙小学更是走向全国，将自己的学科案例无私地与域内外学校共享。

2017 年 2 月，乐从课改影视作品、由乐从小学师生出演的《我最好的老师》荣获中国首部公益性中小学系列校园课本剧《语文故事》唯一最佳影片奖，乐从镇教育局、乐从小学双双获“CCTV 语文故事栏目优秀合作单位”，乐从小学六年级学生吴宇森同学获得“最佳男主角奖”。

2016 年 12 月，我们成功地举行了全国中小学高效课堂成果展示会暨广东顺德乐从课改现场会。1 200 多名嘉宾，全镇上下联动，一个主会场，三个分会场，通过聆听学术报告，分享经验成果，现场观赏视导，观摩课堂教学，倾听课改故事等多种形式，向全国推广了乐从的课改模式、课改思想和课改文化，场面宏大，盛况空前。

不仅如此，乐从的善乐教育课改经验已编入《2014 年广东教育蓝皮书》《学校品牌管理》等书刊杂志，并被《广东教育》《珠江商报》《佛山日报》《中国教师报》

《基础教育》等报刊先后登载、宣传、推广，影响深远，反响热烈。

乐从的善乐教育还得到了社会各界的充分肯定与大力支持。乐从各校“引资引智”取得了可喜的成绩。截至2019年10月，乐从镇中小学共“引资”人民币6 780万元，港币200万元。教育促进发展，发展反哺教育，善乐教育已进入区域良性循环、和谐发展的新时期。

四、思考和展望

走品牌之路，有自己的特色，办让老百姓满意的教育，是我们孜孜以求的目标。

今天，充满生命力和人文气息的“善乐课堂”正在“商贸之都”精彩上演，“善乐教育”的鲜花正在乐从镇活力绽放。乐从教育人，怀着“崇善”的情怀，正点燃“乐学”的火焰，圆乐从学子的希望之梦。

课堂教学改革只是一个点，研究的目标是以此为支点，撬动整个教育体系的变革，推动整个教育生态的形成。我们不拘泥于框架模式，不局限于小组形式。打破思维的藩篱，突破束缚的瓶颈，我们将打造善乐课堂文化，营造善乐课堂生态，潜心善乐课程建设。善乐课堂，看见学习，这是我们不懈追求的目标。

建设学区教研共同体，推动区域教育整体发展

单位：勒流街道教育局　执笔人：胡静

摘　要：借助勒流街道推进“三学区一集团”教育综合改革的契机，以区内名师为引领，组成区域中心教研组，建设学区教研共同体，聚焦课堂，通过“三加工两备课”，完成常规教研与主题教研，提高课堂教学质量，提升教学有效性。利用教研共同体，搭建教师成长平台，推动教师专业成长。将通过建设“四平台三工程”进一步推动学区教研共同体走向教学一线，实现稳定有效的发展路径。

关键词：学区　教研共同体　有效教学

一、 基本情况与建设背景

为了满足人民群众和不同家庭对教育公平、优质、多元、开放、便利、高效的不断升级需求，勒流街道进一步深化教育综合改革，着力破解教育发展的瓶颈和难题，以学区制实现优质教育共享。“三学区一集团”是勒流街道推进新一轮教育改革、铸造教育品牌的系统设计和整体部署的重点项目，目标是通过学区制的实施，建立更为合理的教育资源配置机制，更加开放、充满活力的教育体制机制，形成学校教育各环节互为联动，初中、小学纵向衔接的九年一贯制人才培养模式。为了实现这一目标，街道出台了《关于进一步深化勒流街道教育综合改革的意见》《关于构建勒流街道“三学区一集团”教育发展模式的通知》《勒流街道教育局关于构建“三学区一集团”九年一贯制管理体制的实施方案》《关于成立勒流街道教育学区（集团）管理委员会的通知》《勒流街道教育基金会奖教奖学实施办法》《勒流街道“三学区一集团”教育综合改革管理工作考核评估方案（试行）》等一系列文件并予以实施。各学区（集团）也进一步完善了学区共同体或集团一体化相关配套方案并予以实施，工作扎实有效，同时建立“金字塔”式教育发展体系。即构建学区幼儿园对接学区小学，学区小学对接学区初中，公办初中对接勒流高职中的模式，实现街道教育金字塔式一体化发展。街道构建了“三学区一集团”教育发展模式（即新球学区、江义学区、富安学区、育贤教育集团），推进学区、集团教育共同体发展机制。街道构建了“管理一体、研训一体、资源一体”工作制度和管理机制，以优质均衡发展为核心，形成学校教育各环节互联互通、互补互合、共融共享、共进共赢，初中、小学学段纵向衔接的九年一贯制人才培养模式。街道“三学区一集团”管理体制自实施以来，引起了社会各界广泛关

注，经过一年多时间的努力实践，取得一系列阶段性成效。集中表现在：以学区（集团）为核心内容的管理机制已经形成，学区、集团内优质学校的示范引领作用得到有效发挥，区域教育资源均衡发展步伐明显加快，优质教育资源逐步实现共建共享，中小学办学水平和教育教学质量稳中有进，学校办学体制正在由较封闭走向全开放，广大师生逐步实现了从“学校人”到“学区人（集团人）”的转变，标志着街道义务教育学校管理新格局已经形成。“三学区一集团”的实施让家门口的学校资源变得更优质、更均衡。

在学区建设过程中，我们发现，义务教育阶段市、区级及以上的教研活动比较有限，实际还是要以街道及以下的活动为主，但存在以下问题：区域跨度大，交通不便；“麻雀学校”比较多，教研活动的规模受到限制，不好组织；场所及师资力量配备还不足，有的学校某些学科只有一两个甚至只有一个教师，不少学校将几个学科合成一个教研组，教研活动的频度也不大；在校本化、具体化、操作性、针对性等方面较难涉及，计划性、系统性不强，活动的学术水平不高，缺乏专业引领。

核心素养的提出对课堂教学有了新的要求，小学初中的统一测试能力立意的趋势日趋明朗，不少教师不能适应新形势的要求，对“教什么与怎样教”普遍迷茫，尤其需要教研活动的指引。但现实是，街道及以上的教研活动参加不了，校级的教研活动又不好组织或者水平不高，解决不了问题。因此，依托学区建设学区教研共同体有了强烈的现实必要性。针对学校与学科教师的共性需求，街道教育局以组织学区教研共同体为主要抓手，围绕立德树人这个核心目标，聚焦课堂，深化课程改革，不断推动区域教育教学质量的均衡发展与整体提升。

二、学区教研共同体的主要做法及影响

（一）完善机构，建立共同教研的常规机制

成立以初中校长为首的管理委员会，成员们定期参加学区行政会议，同时根据学区教研活动要求，形成三个学区教研中心组。通过这种组建管理机构的方式，保证管理到位，做到行政管理和教学管理双管齐下。学区管理委员会定期在开学初和学期结束时召开例会，制定每学期详细的学区教研活动计划，要求每个教研活动安排必须做到“四定”，即定主题、定人员、定时间、定地点，活动中做到“四有”，即有组织、有计划、有记录、有小结，保证活动计划得到有效的落实。

（二）精确定位，有效整合资源，实现真正的共同教研

由于各学校之间教学资源分布不均衡，教学教研水平发展参差不齐，严重影响了整体教育质量的提升。在完善制度的前提下，我们着力构建街道、片、校三级教科研网络，努力让学区教研活动成为教科研工作的中间环节，成为联系学校与街道教研室

的纽带，带动学区之间、校际之间的以强助弱和师资交流，实现优势互补、资源共享。我们着重从以下三个层面开展工作：一是街道教研室承担全区域学区共同教研活动布局规划、管理和评估等工作，主要通过教研员联系蹲点制度，负责为学区教研提供信息支持、专业指导、过程监管和成果评估。二是中心教研组主要负责学区共同教研的组织实施，安排好学区内教研的计划、活动及检查评估。各中心教研组针对本区域内的教学实情，开展两类教研活动：常规教研与主题教研。常规教研包括备课资源的收集与准备，对教学内容的备课分工，教学的初步设计，初探课（教学设计的初次实践），探讨与改进形成定稿，各校科组的二次备课，课堂实践，课后反思的汇总，中心教研组对教学设计的三次加工，形成存档定稿资源。主题教研每学期针对一个问题，产生区域教研主题，通过二至三次的主题教研活动，形成解决问题的基本思路与对策，并反映到课堂教学设计中。三是充分挖掘学区内各个学校的优势学科与优秀教师资源，本着远近适度、强弱互补、学科均衡的原则，按学科与年段合理分工，争取让学区内每个学校都能承担学科教研的任务。

为推动教研真正走向学区校共同发展，学区目前正在规范共同教研基本流程，强调问题导向，街道教研员收集教师在课程实施中的困惑与问题，从中梳理出具有代表性的问题交给学科主持人，学科主持人将征集的问题进行分类整理，从而确立一个亟待解决的问题，作为联片教研活动的研讨主题，并将研讨主题通知片区内全体学科教师，让所有教师围绕这个主题做好解决问题的理论准备、教学准备、资料准备，期望形成教研共同体“诊断问题—确立主题—片区研讨—评价总结—推广应用”的运行模式。

在各类教研活动中，如何在竞争中实现协作，是一个比较大的问题。解决这个问题，街道教研室正在通过两种手段：一是搭建平台，让中心教研员走上专业发展之路。我们正在初步梳理各种教研平台，做好融合，真正形成“区教研室—街道教研室—名师工作室—中心教研员—学科科组”的多层教研机制，逐步把中心教研员纳入名师工作室内，让中心教研员的成长路径更为明晰，成长平台更加丰富。二是建设科学的考评机制，将中心教研组与教研员的评价独立出来，以区域学科教师成长与区域学科教学质量提高作为主要考核部分，推动区域联合教研走向真实。

本学期以来，区域主题教研围绕“目标导向下的有效课堂”这个大主题，针对学科特色，划分为初中小学的六个主题，开展了数十场主题教研活动，目前成果已经初步呈现。在区小学数学教师说课比赛中，勒流街道选手发挥比较出色，受到区教研员的好评。

（三）充分发挥名师工作室在共同教研中的作用，推动学区教研迈向纵深

共同教研需要名师引领。街道在 2018 年已认定 40 位名师（其中 10 位名校长、10 位名班主任、20 位名教师）。名师工作室由街道教研室直接管理领导，工作室根据一定

的管理办法，充分发挥名师的辐射作用，通过名师送教、名师讲座、同课异构、师徒结对等形式，深化学区优质资源的整合，有效发挥优秀教师传、帮、带的作用。

我们的学科名师都是共同教研的学科主持人，通过将学区内各校科组长纳入工作室内，在教研共同体中发挥着引领作用。这一年来，各个名师工作室聚焦课堂，关注教学实际问题，着力研究与解决如教育理论学习、新课标的深入解读、具体教学问题的处置方式、现代教育技术能力提升、学生不同学习方式的运用、良好学习习惯的培养、校本作业、问题行为的矫治等，另外还研讨了学科建设中面临的问题，如课程的开设、教学常规的执行、教师工作积极性的调动等相关课题。近两年，名师工作室共计举行主题教研活动六十多场，参与活动教师 2 000 多人次，对全街道老师产生了明显的带动辐射作用。

（四）建设区域教研培训体系，搭建多层次教师成长平台

教研的主要目的在于搭建教师成长平台，转变教学观念，全面提升教师教学能力与素质。为推动教研共同体的发展，街道教育局建设了多层次全体系的教师培训平台，以培训带动教研，提升质量。勒流街道每年投入 40 万强师工程专项经费和 36 万教研专项经费，2020 年还将增加 10 万强师工程专项经费，形成以“街道—学校—学科”“三位一体”的教育教学培训方式。2019 年至今，街道层面依托学区开展的专题培训十余次，培训总人数达到 703 人次。其中参与共同教研的一线骨干教师超过 80%。

学校从原来注重开展办学特色校本培训，转变为以办学质量和特色教学并举的校本培训。在坚持原有特色校本培训的基础上，各校依托学区中心教研组，结合各自校情，特别是针对各学科教学的现状，以问题为导向开展相应校本培训工作，做到校本培训有的放矢，全体教师全学科全覆盖。

依托共同教研与培训体系，街道教师成长路径初步成型。2018 年顺德区产生的 150 名区教坛新秀，其中勒流共有 51 人入选，占总人数的三分之一，对青年教师的成长起到有效的激励作用。另外，勒流街道近两年涌现出省级名师工作室一个，区级名师工作室三个，初步形成了“青年教师—优秀教师—品牌名师”的教师成长路径。

（五）利用信息技术手段，搭建共同教研平台

建设网上阅卷系统，加强教学质量监测与分析。早在 2012 年起，勒流街道就建立了本街道的网上阅卷系统，进一步加强了教育质量监测和分析，为提高教学质量提供了有效的基础数据。阅卷系统共使用两套服务器，初中一套，小学一套。平常使用的时候，各用各的服务器。如果任何一学段服务器出现故障，则可以共同使用同一套服务器进行网上阅卷，确保了阅卷工作的正常进行。网上阅卷系统适用于各类考试，把传统的考试阅卷过程，转化为客观题计算机智能自动阅卷，主观题网络阅卷，阅卷工作人员只要在有网络的地方，就可以随时联网阅卷、评卷。系统能够做到与高考、中考真正接轨，减轻老师考试负担，免去登分、统分的辛苦，远程评卷能够提高教学工

作效率，快捷生成各类统计分析报表，同时确保阅卷过程客观公平、公正。各区区域中心组还可利用此平台开展问题教研。阅卷完成后，系统利用阅卷得出的基础数据，生成各种统计数据，完成考试质量分析、教学质量跟踪、试题质量分析、教学质量评估等，从而解决教育信息隐形化、决策粗放化、资源缺失等难题，提升区域教育管理水平，提高教学质量与综合竞争力。近几年，勒流街道每学期均利用系统中的各类报表，开展区域教学质量分析，诊断各校教学中存在的问题，发现教学管理中的短板，每学期期末教学质量检测后，均会召开专题教学质量分析报告会，横向纵向分析各校的教学质量水平，为教研工作提供详细的数据支撑。

建设了一套基于知识点的教学质量诊断系统。早在2013年，勒流街道就在育贤实验学校、江义中学和裕源小学试点，进行结合课堂教学的信息化应用研究。在三校经验基础上，课题组在2017年终于开发出了“乐教优学”教学平台。这个平台以知识点为核心，涵盖了义务教育阶段的各个学科，教师利用该平台建立自己的个人学习空间，上传与教学相关的各类资源供课堂教学使用。学生可以利用此平台建立自己的个人学习空间，进行预习、复习、在线学习诊断和查漏补缺。教育局可以通过平台查阅各校、各教师的资源上传情况、资源质量及点击下载情况，可以查阅每个知识点下各校、各班学生的自测情况等等，方便进行教研干预。近两年来，针对江义中学和育贤实验学校智慧课堂的报道很多，在省内外引起不小的轰动，省内外各级各类教育主管部门、各类学校纷纷到我街道参观考察智慧课堂项目。

这套系统也可以用来收集各类教学资源，目前系统中已经收录500万条公共题库，原创题和资源合计6374条。我街道目前开通使用的学校有江义中学、育贤实验学校、新球中学，富安中学明年也将以实验班形式接入系统。

开始建设网络教研大数据平台。2018年已经建设了教研室主控室和8间学校录播室，2019年又增加2间录播室，2020年全部建设完毕。系统可供教研员在网络上进行实时听课、评课，所有学科老师均可以在线听课并参与评课。系统同时能够实现精品课程录播、回放，校内直播、视频会议等功能，能够满足网络教研及绝大多数的视频直播点播需求。目前利用这套系统开展的区域教研活动已有多个，街道教研室也正在挖掘项目的共同教研价值。

三、不足与设想

勒流建设共同教研体时间尚短，目前还处于初步实施过程中，而且我们发现，在共同教研中有很多问题在阻碍共同体的普遍落地，如教研共同体与学校教研的关系还没有很好协调，学校之间竞争与合作如何实现统一，网络平台与技术手段的运用较少，资源的投入受到很大限制，不少学科的专业引领力度还不够。在个别学校，教研共同体还只是落实在计划与总结阶段。针对此种情况，要想形成真正落地的长效机制，还需平台与资源的投入。

针对当前街道义务教育阶段教学质量偏低的现状，经过仔细调研，街道教研室确立了“有效教学”作为提高教学质量的主要手段，以“有效课堂”为核心，推动“科学设计”“三次加工”“两次备课”“精确观察”等环节的科学化规范化。为实现此目标，街道教育局将通过两年时间，搭建“四平台”，推动“三工程”，让共同教研走向深入。“四平台”包括质量评价平台、区域质量监测平台、共同教研平台和区域资源平台。

质量评价平台：通过改革目标评价机制，根据区的评价标准，形成相对稳定的评价办法，引领质量意识升位。质量评价平台包括对学校与中心教研组的两个体系，实现教研引领，协同推进的良好生态。

区域质量监测平台：主要利用统一考试与诊断系统，对区域考试形成常规监测诊断模型和常规质量监测分析研究跟踪机制，为学校学科教师的自我诊断提供服务。

共同教研平台：依托共同备课网络平台，以中心教研组为主要实施人员，实现“三次加工，两次备课”，即中心教研组两次加工，初次备课，各学校再加工，二次备课，发挥品牌科组与教师的引领作用，强化落实教学常规，提升教学设计实效，提高课堂质量。

区域资源平台：将备课与诊断分析中形成的资源收集整理，建设网络空间，形成长期充实的体系，同时加大外购网络资源的力度，为一线教学提供资源支持。

为解决制约教学质量提高的几大核心问题，街道教研室将集中力量，推进“名师成长工程”“薄弱学校提升工程”“薄弱学科提升工程”。“名师成长工程”主要是整合街道内学科教师成长平台，推进名师工作室与中心教研组合二为一，建立青年教师成长追踪制与骨干教师认定与成长制度，改善培训机制，建立分层次、专业化、长期化的培训体系。针对薄弱学校与学科，采取街道教育局建立联系点，相关行政与教研员下驻蹲点，中心教研组共同诊断的方式，加大教研“精准扶弱”力度，推动区域内学校学科均衡发展。

为推动培优促尖工作，街道教研室准备实施利用共同教研的力量，加大对初中优秀学生的培养力度。教研室根据需要，通过中心教研员，集中优秀师资，对优秀初中生实施专题辅导。由中心教研组召集辅导团队开展集体备课，选择针对性的专题，并配之以擅长此专题的街道优秀教师，开展分头集训与集中培训。

在全区推动教育高质量发展的征程中，勒流教育还处于一个发力追赶的地位。相信我们在区教育行政部门与街道政府的指导与支持下，始终围绕提升教育教学质量，以推进“有效教学”为主要实施手段，依托学区教研共同体，聚焦常规，落实课堂，不断提升教学效率，推动教师成长，一定会推动勒流教育教学质量更高层次发展，为顺德教育高质量发展贡献应有的力量。

区域教研花开初绽蕊 课堂改革化蝶正当时

单位：龙江镇教育局 执笔人：黄顺娇 田乃林

摘 要：区域联合教研是提升教师教学水平、缩小校际教学差距、优化镇域教育资源的重要举措。龙江镇统筹全镇中小学师资资源，利用集团化办学的优势，大力推动区域联合教研和课堂教学改革，针对学校教师在教育理念上的困惑以及在课堂教学实践中遇到的问题进行合作研究与探索，通过多样化、富有实效的教研活动引领教师发展，促进教育交流，实现学校教育的均衡发展，促进镇域教育水平整体提升。在这过程中，龙江及时总结区域联合教研和课堂改革的有效途径，再指导实践，形成良性的循环。区域联合教研已经成为龙江推动课堂改革的动力支撑，是校本教研的有益补充和辅助，推动镇内学校互利共赢、均衡发展。

关键词：区域联合教研 课堂教学改革 有效途径 提质增效

一、基本情况

（一）背景缘由

教育部2001年6月8日印发《基础教育课程改革纲要（试行）》（教基〔2001〕17号），明确课程改革的目标包括“新课程的培养目标应体现时代要求”，明确基础教育课程改革的具体目标包括“改变课程实施过于强调接受学习、死记硬背、机械训练的现状，倡导学生主动参与、乐于探究、勤于动手，培养学生搜集和处理信息的能力、获取新知识的能力、分析和解决问题的能力，以及交流与合作的能力。”习近平总书记在十九大报告中指出，要落实立德树人根本任务，培养德智体美劳全面发展的社会主义建设者和接班人。顺德区教育局也针对性印发《关于全面推进区域教研改革发展工作的指导意见》等文件，为区域联合教研以及课堂教学改革提供指引。

因此，基于国家发展战略、时代发展需求、教育改革需要、人才培养重任以及目前镇域学校教育存在的发展瓶颈，龙江镇积极推进区域联合教研工作，全面深化课堂教学改革。

（二）推进思路

审时度势，思变图强，做好区域总体规划。龙江镇经过深度思考，以区域联合教研为支点，撬动课堂教学改革，重点推进资源配置、队伍建设、体制机制、育人模式、保障体系五方面的改革，以促进区域教育的均衡发展、优质发展，以实现落实新时代要求、体现新生代特点、把握新人才标准、运用新技术手段、满足新生活需要的目标。

教育的核心在课程，而课程的关键在教学。要促进教师成长、提升学生核心素养、实现学校发展，便要以破釜沉舟的勇气推动课程改革。改革中小学办学绩效考核机制和激励机制是课改之关键，推动校本课程开发和教学行为调整是课改的工作重点，建立对课堂的实时督导是课改的长效机制，力促教育科研项目研究的常态化是课改工作的抓手，构建一支敢担当、有作为的教研骨干队伍是课改的核心力量，组织扎实有效的教师专业技能培训是课改的基本保障，发挥名师工作室和教育集团领头学校的区域辐射引领作用是课改的助推器。龙江镇通过一系列配套管理措施，引导学校积极开发校本课程，深入钻研课堂教学，逐步实现学校教研工作“被动型向主动型”“事务型向研究型”“分散型向联合型”转变。

（三）开展情况

区域联合教研和课程改革以来，龙江镇教育局积极探索，从机制创新、政策倾斜、实践指导等多方面做了尝试，发起全镇中小学校参与，调动广大教师积极参加，形成了浓郁的课改氛围和丰硕的课改成果。顶层设计上提出“优教龙江”，实施了十项行动。制度建设中，出台了全区镇街首个《中小学教学教研常规管理工作指引》，出台关于推进课堂建设的实施意见，推进了教育创新发展项目三年行动计划等开创性的工作。具体实践中，有计划、分阶段开展各类教学视导，推进高效课堂建设，创建特色项目，开发校本教材；结合生源和师资实际，紧扣学科特点和不同课型探索有效的、科学的、以学生体验学习为主的现代教学模式。经过近几年的努力，龙江镇区域教研逐渐形成行之有效的“龙江做法”，各中小学学科组已形成符合学科特点的教学模式，各校的主要学科也基本形成了不同课型的教学模式和导学案。课程改革工作正在有序有效地推进，也取得了一些初步的成果。《龙江课改故事》一书由中山大学出版社出版发行。

二、经验和做法

（一）固根基，补短板，推动资源配置改革

龙江在推进区域教研和课程改革中，坚持立足镇域实际，客观分析镇情，正视短板，精准着力，有力推动资源的优化配置。一是提出“优教龙江”战略蓝图，配套开展十大行动，为优化龙江教育布局、打造特色学校、建设高效课堂、树立品牌学科、提升教师素养等提供了依据和指引，为区域联合教研开展提供了目标导向。二是推动教育资源扩容提质。针对优质教育资源缺乏的短板，龙江提出《龙江镇义务教育阶段学校基础设施五年提升行动计划》，陆续推进和建成一批新建和改造项目，为区域联合教育和课堂教学的改革提供了更好的硬件环境。尤其是2019年投入超4亿元的龙江外国学校落成启用，给全镇初中教育资源整体布局和办学条件带来质的提升。三是推动

学区化管理、集团化办学。以四所初中为引领，按“初中＋N小学”模式，设立四个义务教育学区，结成办学共同体，在招生管理、课程教学、培养模式等方面打通九年一贯链接。同时，以龙江实验学校、城区中心小学为龙头校，按“名校＋N”模式，成立两大小学教育集团，集团内各成员校在办学理念、课程设置、教育教学、师资调配等教育资源共建共享、优势互补，实现集团内部的品牌辐射效应和个性化成长，有力破解校际办学水平不均衡问题。

（二）强核心，增活力，推动队伍建设改革

区域教研和课改的推动关键在于队伍执行力上。龙江紧抓队伍建设这个牛鼻子，进行有效的大胆的探索。

1. 强引领，重构教研团队。一是组建专职教研督导组。建立了教育行政与教育督导联席会议机制，实现中小幼专职责任督学督导全覆盖，改变了以往镇中心教研组成员由一线老师兼任而两边工作难以兼顾的尴尬现状，是区内两个组建教研组镇街之一。二是实施学科双总监制度。增设学科总监16名，遴选兼具学术水平和行政管理经验的学校干部担任，教研员则在一线老师中遴选，每个学科再配若干名教研助理，同时为镇教研团队争取了专项劳务补贴，印发《龙江镇中小学学科总监岗位职责》，实行月报、学期述职制度。团队结构上的重组，既可发挥一线教师的学术引领作用，壮大教研骨干队伍，又最大限度地保障了学科过程管理的有效性。三是出台镇级中小学教学教研常规管理工作指引。这是全区镇街首个出台的常规工作指引，对学校常规管理起到很好的指导作用，尤其是对薄弱学校帮助极大。

2. 抓头雁，建强校长队伍。努力打造教育家型校长队伍。引入专家与校长师徒结对，开展办学实践“临床”研究，打造高素质、懂管理、善管理的专业化校长队伍，在“专业性”“独特性”“引领性”和“实效性”四个方面发挥引领作用。全镇17名校长到宁波进行跟岗学习，从教研教改、机制运作、执行力建设等进行全方位学习。实施校长组阁制，加强学校行政干部队伍和后备干部的梯队建设，进一步优化干部队伍结构，保持干部队伍旺盛的生命力。探索建立校长职级管理制度，探索推进校长退出机制，激发校长管理活力。设立校长岗位绩效专项资金，构建校级领导工作业绩与绩效考核挂钩的激励机制。

3. 树旗帜，实施名师工程。实施青蓝、名师和教育家培养孵化工程，目前有50名“青蓝工程”培养对象结对培养。制订《龙江镇名师工作室管理办法》，明晰工作室的职责任务、待遇保障和考核办法；每个名师工作室支持5万元运作经费，目前成立了吴导、谢景霞、高占国三个名校长（园长）工作室，刘娴兴、宋高阳、李秀妹、雷冬生四个名师工作室，借名师之力促进自主发展和共同发展，使工作室真正成为“研究的平台、成长的阶梯、辐射的中心”。支持教师大胆探索，创新教育思想、教育模式、教育方法，形成教学特色和风格，营造教育家脱颖而出的制度环境。

4. 抓素养，创新培训模式。分级分类按需培训。成立镇教师培训中心，统筹镇校两级培训，把教师培训、教学研究和教师自主学习有机结合，学校管理干部培训则由镇组织，教师专业培训由镇教育局先组织普训再由学校开展点对点的后续培训，另外由镇中心教研组开展有针对性的学科培训，至于结合办学特色开展的教师培训则由集团、学区和学校的层面去组织。2018 年共统筹 250 万元开展教师培训，镇级培训项目 8 个，培训人数 1380 人。实施全员过关式培训。专项技能培训采用“理论讲座 + 实操培训 + 导师考核”的方式分学科进行，每场次（每班）培训严格控制人数（50 人以下）。学员脱产两天完成一个学科一个场次培训，学习状态不好、考核不及格的再安排到同学科下一场次的培训，直到考核及格为止。加强学前教育队伍培训，将幼儿教师队伍纳入培训计划，享受公办学校教师培训待遇。

（三）强督导，严考核，推动体制机制改革

1. 创新教育督导模式，实施“专家督导、诊断、约谈”共促发展机制。课堂教学是提升教师专业水平最好的阵地，同时又是教育教学工作中随意性最大的地方。2018 年，龙江镇聘请第三方专家团队对全镇中小学常态课堂教学质量进行督导评估，一学期一次，分中学组和小学组，每校每期蹲点半天。专家深入学校推门观课，形成督导评估报告反馈给学校。这个举措在促使教师调整教学行为、指导学生转变学习方式、促进教师专业成长方面相当见效。2019 年又完善该项督导制度，改为边督边导，课后及时当面反馈研讨，更具有针对性、实效性。对督导评估中专家评分较低、专家诊断存在较大问题的学校，由镇教研团队直接约谈学校管理团队，并向全镇各中小学公布约谈记录。从结果来看，2018 年约谈的三所学校课堂教学质量都有不同程度的提高。这个制度有力地加大了学校集体备课力度，逐步引导教师做实做足课前准备，降低课堂教学的随意性，提高常态课堂教学质量。

2. 完善办学绩效考核制度，构建“镇域、学区、学校”合力激励制度。一是调整镇级学校办学绩效考核办法。以课堂教学研究为工作重点，突出“专业发展”考核项目并加大其权重分值，引导各中小学在“建立专家引领机制”“校长引领课堂建设”“管理团队深入教学一线”“健全常态课堂质量监控”“校本教研落到实处”“教育科研驱动发展”抓根本练内功，为进一步深化课改奠定基础。二是建立集团化办学学区化管理绩效考核机制。印发《龙江镇集团化办学学区化管理考核方案》《龙江镇集团化办学学区化管理考核评价指标体系》《龙江镇集团化办学学区化管理工作日程安排表》《龙江镇集团化办学学区化管理工作项目推进计划表》，通过对集团内成员学校实施捆绑评价，有效促使课程改革与校本教研的有机结合，促使区域内校际互动、学科互补、成果共享，实现多角度、全方位的校际合作和差距互补，营造全员参与、全员教研的良好氛围，全面提高区域教学教研水平。三是建立学科发展激励机制。参考学科发展、教学质量、学术竞技、课改推进四个方面的考核指标，量化各学科学年工作目标达成

情况，出台《龙江镇先进学科集体奖和个人奖评选办法》，每学年评选进步学科、优秀学科和突出贡献学科以及优秀个人。学年内被评为优秀学科和突出贡献学科的，学科总监和学科教研员即评定为优秀学科总监和优秀教研员，列入镇奖教奖学范畴。另外，配合课堂教学改革，每年评选并奖励课改首席教师；安排专项经费奖励集团化办学学区化管理工作中得分靠前的三个非独立法人教育联盟。

（四）引资源，创特色，推动育人模式改革

1. 构建“一体化”大德育体系。龙江把社会主义核心价值观教育、中华优秀传统文化教育融合到教育全过程、各个环节，切实提高学校德育实效，做到全员育人、全程育人、全面育人、全域育人。锦屏中学建立儒雅教育评价机制，开发了“儒雅行为评价系统”和《儒雅课堂行为规范评价细则》。华东小学实施看得见的德育工程，加强“国学长廊”“孔子学堂”“亲子作坊”等阵地建设。聚龙小学紧扣“养蒙儒雅”办学理念，以评选“儒雅之星”为抓手，通过“雅言之星、雅思之星、雅行之星、雅能之星”的评选机制和评选活动，促进学生养成文明礼仪、言行学习、技能兴趣等各方面的儒雅之气。龙江实验学校重点探索环保和感恩两大教育主题，使“创意＋”德育课程向系列化迈进。城区中心小学的“童心德育”形成以自主班队课程、主题文化课程、实践活动课程、校园“节”语课程、仪式洗礼课程、传统极润课程等为系列的课程体系。

2. 全域推进义务教育课堂改革。开展以“自主—合作—探究”为特征的课堂建设与改革，建设“卓越课堂”，推进教与学的理念重塑、结构重组、流程再造和模式重建，使全镇学校和教师的课堂教学从“灌输式”向启发、探究、体验与讲授相结合的方式转变，构建以学生关键能力和核心素养为本的课堂新生态。全面落实推门式听课和集体备课制度，探索开展跨学科跨学段集体备课制度；全面落实教师 3 个年级以上的小循环教学制度，逐步实现全学段的大循环教学。实施教育信息化 2.0 行动计划，建设以数字学校为基础的“智慧学校”平台和“智慧课堂”，推广基于“有效教学、精准教学”的智慧教育应用模式。目前，全镇各中小学形成了符合校本实际的现代课堂教学模式。

3. 推动镇域特色教育两大创新行动。一是实施师生大阅读特色镇建设三年行动计划，全镇中小学（含龙江中学、龙江职校）、幼儿园，全体师生参与。通过增建阅读场所、丰富阅读资源、成立阅读指导机构、推荐阅读书目、多形式搭建交流平台等措施，改变教师少读书甚至不读书的不足，渐进式培养师生浓厚的读书兴趣、良好的阅读习惯，掌握科学的读书方法，逐步让师生大阅读成为龙江镇域教育特色与品牌。二是实施书法教育特色镇建设三年行动计划。以“翰墨润心、书道育人”为目标，全力推进师生书法教育，着力培养师生良好的书写习惯，逐步把全镇各级各类学校、幼儿园打造成为“墨香校园”，让书法教育成为龙江镇域教育特色与品牌。

4．推进学校多元化、特色化办学。引导各校深化课程改革，构建校本课程体系建设，开发特色课程，开展特色社团活动，把特色项目做实做细、做精做强。2018年龙江镇有7所学校的课程改革成果获区级“课程体系构建成果”奖。聚龙小学被省教育厅认定为广东省校园足球推广学校，东海小学、世埠小学、里海中学被评为顺德区青少年校园足球推广学校。目前已经构建涵盖人文、经济、科技、体育、艺术、社会实践等方面的特色化校本课程体系，开发和实施“体育艺术2+1项目”课程、中华优秀传统文化特色社团课程，逐步形成“一校一品”特色品牌。

5．创新学段贯通培养模式。统筹实施幼小衔接教育，出台幼小衔接教育指导性意见，克服幼小衔接中的小学化、片面性、单向性、表面性问题。打通小初学段贯通阻隔，聚焦学生核心素养，重点弥合小初学段之间学生理想信念、道德认知、行为习惯养成、优秀传统文化、科学精神、实践创新等素养教育的缝隙。探索实施小初“九年一贯”甚至小初高“十二年一贯”的课程，加强特色项目及教学实施、家校共育模式的衔接。结合龙江产业特色，开发家居类生活化创意课程，推动小初学段贯通实施。进一步提升阅读、演讲、书法、英语等小初衔接基础性课程的教学实施水平，着重加强贯穿义务教育学段课程建设中的学生自我展示能力培养。助力区属龙江中学和龙江职业技术学校扎根龙江办出特色、办出水平。鼓励和支持龙江中学以创建佛山市特色普通高中为平台，撬动学校整体发展，构建特色项目课程化、精品化、高端化发展链条，加强与镇内义务教育阶段学校课程和教学衔接，实施日语课程全学段贯通，培养优质生源。鼓励和支持龙江职业技术学校打造家居设计职业教育高地，建设对接龙江产业和骨干企业、特色鲜明、优势突出的高水平中职学校和“校企精准对接、精准育人”的示范专业，成为龙江家居产业高素质技能人才成长的摇篮。

（五）促共建，聚合力，推动保障体系改革

1．加强现代教育治理体系建设。推进教育“放管服”改革，健全依法办学、自主管理、民主监督、社会参与的现代学校制度，减少对学校的行政干预，减少学校和老师行政事务负担，为区域联合教研和课堂改革提供充裕的空间。

2．建立社会支持教育发展机制。成立龙江镇教育高质量发展委员会，建立社会力量参与和支持学校管理、学校建设、文化建设、学生管理、课程开发和实施、社团建设、校内托管、后勤管理等工作新机制，鼓励村（居）在属地学校建立奖教奖学基金，2018年起每年举办教育文化嘉年华活动，多措并举，营造了全社会尊师重教、支持教育、参与教育的良好氛围。

3．完善立德树人协同育人机制。制订《龙江镇中小学家校共育绩效考核指标体系》，把家庭教育纳入基本教育体系，健全家庭教育指导课程，建立家校共育和学校、家庭、社会协作长效工作机制，打造“家校合作、三工联动”的“三位一体”育人体系。实行家校共育行动计划，统筹协调社会资源，拓宽家庭教育渠道，建设家长慕课

平台，开展家庭教育讲座，推动书香家庭建设，提升家庭教育水平，形成帮助学生“扣好人生第一粒扣子”的合力。

4. 建立合作办学培优留优机制。实施纵向衔接和横向合作机制，引入省内高校、名校和教育科研机构与镇内学校合作，集中投入资源和力量，打造品牌学校。龙江外国语学校与广东实验中学合作共建，在教学教研、教育科研、课程开发、学校管理等全方位对标先进。建立优生跟踪培养机制，对 3 ~9 年级优生进行动态跟踪培养。以购买服务形式，聘请第三方教育机构以冬令营、夏令营和周六、日等时间，对全镇初中优生进行集中培养。实施优生表彰激励机制，全镇范围内每年选送 5 名优秀初中毕业生到省实就读高中。

三、 成果和影响

随着龙江不断深化区域教研和课堂改革，龙江教育呈现出全新样态。教育综合实力持续增强，以全市第二高分通过省教育强镇复评；办学基础条件大改善，新建和改造一批学校，添置了一批“智慧课堂”设备，龙江进入教育信息化逐步迈入 2.0 时代；教师队伍建设大强化，2018 年成为区名师数量较多的镇街之一，区级以上课题数量和获奖成果大幅攀升；教育内涵建设大深化，构建教育高质量发展体制机制；各村（居）在学校设立奖教奖学基金，各初级中学纷纷成立校友会，完善家—校—社共育机制，营造了全社会关心、支持教育的良好氛围。突出体现在：

1. 课改氛围的浓度。大力推进课程改革以来，全镇课改氛围逐渐从“上热下冷”转变为亦步亦趋，从“观望多于行动”转变为主动参与、主动研究。从学校管理团队到教学一线老师，理念和行动都发生了很大的变化，从满堂灌逐渐转型到开放式合作学习、探究式体验，目前已形成校长引领常态化、行政推动常态化、视导监管常态化、活动引领常态化。2017 年区教育发展中心安排龙江镇在全区课改大会上介绍课改经验，2018 年上半年区教育局安排龙江镇在全区大会上介绍教师培训工作经验，2019 年龙江镇教育局编印《龙江课改故事》并由中山大学出版社发行。

2. 课堂质量的提高。开展第三方专家团队对镇内各中小学常态课督导以来，各校的常态课质量均呈现程度较大的提升。尤其从去年“督导分离”转变为今年“督导同步”之后，教师能够及时了解教学存在问题、及时纠正。专家感慨说：“镇级教育局力推课堂建设成效显著，学校课堂教学质量实现较大提高，教师教学行为的调整、学生学习方式的转变正在发生。”

3. 校本课程的开发。随着课程改革的逐步深化，实验、城区、华东等学校把国家课程、地方课程和校本课程进行分类整合，形成了学校课程改革的整体思路。城区小学在原有“童心教育课程体系”的基础上，实现“必修课程智能划分—选修课程系列递进—校本课程彰显特色—必修选修相得益彰”的课程设计，从健康、语言、科学、艺术四方面开设全校性和年级段44门课程共55个选修班。实验学校构建“创意+”课程体系，二至五年级开设了创意课，分别是二年级的创意与体验、三年级的空间与建模、四年级的设计与制造、五年级的智能与创造，每一节课都指向“创客五品”（求疑、求异、求精、求新、求是）核心素养的培养，并把家具、家居与创意课程整合，构建智能家具、智能家居，使龙江区域特色在课程里得以落实。华东小学构建以国家课程加校本课程、学校教育加家庭教育、学生基本知识技能的培养加学生个性特长的发展、学生成才加教师成长为核心的“1+1幸福课程”体系，已经开发粤剧、经典诵读、软硬笔书法、德育课（修身课、暮省课）、毽球课、水球课烘焙等校本课程，并完成校本教材的编印。

4. 课题数量的增幅。教育科研工作取得了长足的进步，省级“十三五”规划课题立项有12个，区教育科学“十三五”规划课题立项有20个，区教育科学“十三五”小课题立项有73个。国家级课题结题有2个，省、市、区级结题的有5个。科研成果共4项；由此触发的论文等学术成果呈井喷之势：国家级8人次、省级25人次、市级48人次、区级216人次。

5. 课程改革的成果。在教育部开展的年度“一师一优课，一课一名师”评选活动中，顺德区被评为“部级优课”的共31节，我镇占5节，占比达到16%；顺德区被评为“省级优课”的共102节，我镇占19节，占比在达到19%；我镇获佛山市特等奖的优课共5节，获市级一等奖的11节。龙江镇也在全区教学教研工作会议上做镇域整体推进课堂教学改革工作经验介绍。在2017年顺德区课改优秀成果评审中，我镇学校课程体系构建获成果奖的共有7所学校，分别是坦田小学、城区小学、华东小学、实验学校、苏溪小学、丰华中学和龙山中学；教学模式的构建和实践获奖的共5所学校，分别是华东小学、城区小学、龙山中学、实验学校和里海中学。全镇师生参与其他各类学术竞技获奖人数较往年倍增。

6. 教学成绩的突破。在近几年顺德区组织的教学质量检测中，龙江小学教学质量综合指标列全区第四。在生源存在诸多客观制约的情况下，2017年中考取得突破，中考总评成绩镇（街）排名较2016年大幅提升，高分层人数较2016年大幅增加。2019年中考再进一步，总分平均分数大幅提高，超越7个镇（街），位居全区镇（街）第三。总分优秀人数大幅增加，高优人数再创新高。全镇单科成绩拔尖学生人数实现历史性突破，其中文化科单科满分学生17人（次）；体育科单科满分学生922人，比2018年增加24人。语文、英语、物理、化学等四个学科近年来首现满分学生。初中各校均较好地完成了区教育发展中心下达的培优目标任务，区前1 000名优生目标达成率133.33%，充分彰显龙江办学质量的提升。

四、思考与展望

区域联合教研是课程改革的落脚点和助推器，能够较好地提升镇域教育整体水平，有助于镇域学校的均衡发展，有助于教师专业水平的提升，龙江的实践也带来一些思考：

一是理念先行，加强统筹创新机制。首先是理念上的更新，在培养目标上面向全体学生、实现学生全面发展，在育人方法上凝聚合力，实现全员育人，在课堂重构上倡导人本、生本、学本。其次是加强制度设计。从龙江的实践来看，在区域联合教研指导下开展课堂改革，建立了系列适应改革的新机制，比如重构教研组、教学教研常规指引、绩效考评、督导督学、师生评价等，强势引领、强化管理、注重结果，取得较好成效。再次是优化师资配置。深入分析各学科教师现状，从教师的年龄结构、学历结构、专业结构、水平分布状况等方面优化全镇各校师资力量配置，更好地开展区域联合教育实践。

二是凝聚合力，形成共研共享氛围。教育是一个系统工程，区域联合教育虽然只是教育层面的行动，但需要政策支持、人力、物力、财力支持。因此，龙江积极争取政府、社会的有力支持，尤其在硬件的改善、资金的扶持、人才的引进等方面；借集团化办学之力实现镇域内优质资源的共建共享，加快各校课改进程，提高区域联合教研实效。作为区域联合教研和课堂改革的主体，学校层面必须勇担责任，尤其是标杆学校，要发挥好引领和带动作用。

三是善于借力，构建高效课堂模式。抓好抓实常态课堂教学质量的督导评估，引入第三方专业机构督导评估学校常态课堂质量，有效促使教师调整教学行为，提高教育教学质量。坚持不懈的督导、诊断、纠正，促进课堂教学规范运行、高效操作；推广以自主、探究、合作为主的课堂重构，根据师情、学情、生情、课情的不同，鼓励教师走“临模—入模—出模—创模”的路子，探索合适自己的教学模式，完善成型。

四是建强引擎，增强教育内生力。区域联合教研和课堂教学改革相辅相成，要聚合镇内外教研力量联合开展课程教学及改革等研究活动，及时分享经验，交流信息，共同探索，合力做强区域联合教研。要结合顺德或者镇街区域特点，活用区域资源，在引进专家的同时，要重视本地专家的培养，根据培训对象的需求，定制更有针对性、更具实效的培训，提升教师培训实效，把名校长、名教师培养起来，把骨干教师、学科带头人的作用发挥出来，建立好、管理好名校长、名师工作室，要从“输血”走向“造血”，从引进经验到输出经验。加大对优秀教师的表彰和宣传，激励他们再接再厉，立新功、创佳绩，影响鼓励更多教育同行锐意进取。

五是丰富载体，拓展教研课改空间。充分应用现代信息设备和网络资源，在“互联网＋”背景下变革课堂。推进公办学校智慧课堂建设，升级教室教学平台，改造电脑教室，购置网络资源服务器，配置移动式学生用学习终端，促进信息技术和课堂教学的深度融合，提高课堂效率，推动课改向纵深发展。以课题推动镇域教研教改，加大对我镇薄弱学科的研究和管理，引导教师更深入研究课堂教学重点、热点和难点问题，切实解决教学实践中面临的各种困难；加大教育科研学术引领，为学校衔接更多优质教育资源，帮助学校加快校本课程的开发和学术成果的物化。

“互联·深度”教学改革的研究与实践

单位：佛山市顺德区第一中学　执笔人：何训强　蒋美

摘　要：在教育信息化的蓬勃发展下，我校积极推进新技术支撑下的教育教学改革。基于教学实践中总结出的学习方式“三依问题”、课堂教学“三离现象”、培养目标“两难抉择”等现状，我校提出了“互联·深度”的教育教学理念，并采用行动研究法，辅以调查法、实验法、经验总结法、案例研究法等，通过问题梳理—团队组建—顶层设计—实践探索—反馈调整—优化创新—改进实践—总结评价—推广应用逐层推进教学改革。在研究与实践过程中，我校科学推进智慧课堂建设，着力打造共享式校本资源库，优化完善深度学习空间，搭建全省应用推广平台，使得“互联·深度”教学理念深入人心，“RDE双主线”混合式教学模式逐步构建，校本学习资源库不断完善，“三维联动”推广示范平台在区域联合教研上卓有成效，教学实践和教学管理日益高效。未来我们还有更多的思考和展望有待一一实现。

关键词：“互联·深度”　教学改革　智慧课堂　高效课堂　区域联合教研

一、基本情况

（一）背景缘由

顺德一中作为百年名校，也是佛山市首批卓越高中创建学校。近年来，在区委区政府和区教育局的关怀指导下，我校的教育事业发展迅速，办学成绩稳步提升。与此同时，我校也大力推进教育信息化建设，信息化基础设施环境、数字化教育资源及应用体系初步形成，师生信息化素养逐步提高，信息技术与教育教学的融合应用不断开展。当前，教育信息化已从1.0迈入2.0时代，以人工智能、大数据技术为支撑，积极开展教育创新研究和示范，推动新兴技术支持下教育模式的变革和生态重构，是我校教育教学改革未来发展方向。

本校在长期的教学实践中总结出需要通过教学改革突破的三个问题：一是学习方式“三依问题”，即学生的学习过分依靠于教师，依赖于教材，依附于讲授。二是课堂教学“三离现象”，即教与学分离，主导与主体脱离，教学内容与生活实践隔离。三是培养目标“两难抉择”，即提高升学考试成绩和全面发展学生的核心素养的对立。

基于上述背景，围绕课堂教学改革的目标，我们提出了“互联·深度”的教学理念，主张在“互联网+”背景下，利用大数据、云计算和移动互联网等先进的信息技术手段实现教与学的信息化、智能化，促使传统课堂向数字化、智能化、泛在化方向发展，鼓励师生、生生主动积极思考、对话、表达、体验、体悟，深化理解水平，形成从特定学科角度观察、思考问题的方式及相应的理性精神，通过深度学习发展批判性思维、问题解决能力和创新能力。

（二）推进思路

主要通过以下四个阶段逐步推进。

1．第一阶段：2012 年 3 月—2015 年 2 月，调查研究、顶层设计、实践探索。

2．第二阶段：2015 年 3 月—2017 年 2 月，更新理念、构建体系、模式创新。

3．第三阶段：2017 年 3 月—2019 年 3 月，检验推广、构筑平台、区域辐射。

4．发展阶段：2019 年 3 月之后，深度融合、资源完备、高质开拓。

到目前为止，实际推进比较顺利。

2016 年 2 月，与科大讯飞达成初步合作意向，在我校高一年级两个班开展智慧课堂的试点应用。

2017 年 10 月，扩大试点范围，从之前的两个班扩大到 20 个班，进行全级覆盖试点。在区教育局精心指导、科大讯飞工程师团队驻校服务保障、我校高二年级师生的共同努力下，形成了我校“互联·深度”未来课堂创新应用模式。

2018 年 4 月，我校承办的“华南师大—普通中小学”协同发展联盟课堂教学改革研讨会暨顺德一中全省教学开放日活动圆满成功，社会影响力巨大。

2018 年 9 月开始，全校三个年级全部实现智慧课堂应用。

2018 年 12 月“华南师大—普通中小学”协同发展联盟“互联·深度”高三教学研讨会暨“顺德一中全省教学开放日”活动圆满成功，区域辐射力增强。

研究过程主要采用行动研究法，辅以调查法、实验法、经验总结法、案例研究法等，技术路线为：问题梳理—团队组建—顶层设计—实践探索—反馈调整—优化创新—改进实践—总结评价—推广应用。

（三）开展情况

针对上述问题，我们主要从以下三个途径开展探索、研究和实践，并解决问题。

1．重塑教学理念，推动学习方式多元化。

教学理念决定教学行为，自 2012 年起，学校组织大批教师赴上海、浙江、山东、山西、安徽等地考察、访问、交流，组建专家团队研讨，重塑教学理念，确立“以生为本、学为中心、互联深度”的教学理念。基于新的教学理念，针对我校实际，明确提出课堂教学的“八提倡八反对”（倡导课程核心价值追求，反对教无大纲学无标准；倡导教师特色创新发展，反对万堂一式千人一调；倡导学生多元自主成长，反对统包统管揠苗助长；倡导资源优化开放共享，反对照搬照抄单打独斗；倡导交互灵活多重深度，反对流于形式满堂灌输；倡导场景随时随地随学，反对因循守旧固守成规；倡导评价及时科学个性，反对拖沓随意千篇一律；倡导让教于学学为中心，反对重教轻学唯师独崇），树立教学理念，鼓励学生多元发展，从而让学生的主体性得到充分突出和明确保障。同时，引入“E 网通”和“爱培优”等网络学习资源库，满足学生个性化学习资源的获取需求，从而让学生真正做到积极学习、自主探究、主动建构。

2. 革新教育技术，创造互联融通教学生态。

我校先后与科大讯飞和铭师堂等公司签订战略合作协议，成为全国“互联网 + 教育示范校”和“全国基础教育大数据研发与应用示范校”，借助人工智能、大数据技术及移动终端设备，构建以“教学决策数据化、资源推送智能化、交流互动立体化、评价反馈即时化、学习空间泛在化”为特征的教学环境。如基于“云网端”的全方位教学互通智课平台建设，为教师和学生人手配置平板终端设备（互动模式见图 5 – 13），搭建全天候学习空间及交互平台，让师生及时交流，充分发挥教师教学主导作用和学生学习主体地位。另外，还引进“成绩云”和“智学网”过程学习成绩管理系统，让教师基于大数据进行教学决策和教学评价，使教学内容来自学生的精准反馈，真正实现教与学的相连相融。

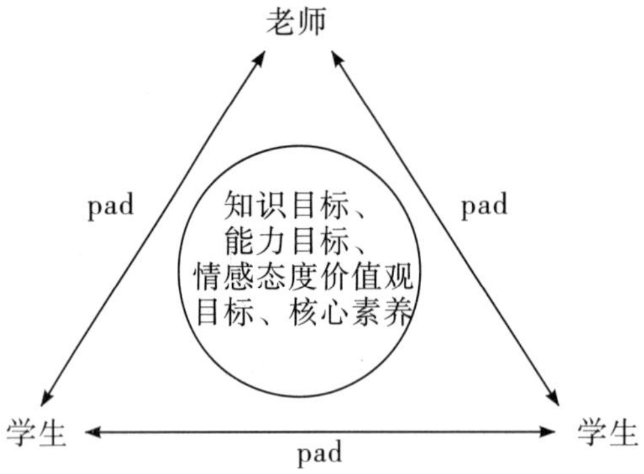

图 5 – 13 “互联 · 深度”课例研讨互动模式

3. 改革教学模式，聚焦核心素养，打造深度高效课堂。

基于时代发展和高考改革要求，我校创建“RDE 双主线”混合式教学模式［Read/Review（阅）—Deliberate（思）—Express（表）—Evaluate（评）—Enlighten（悟）］，主张“让教于学，学为中心，教师主导，学生主体”，要求课堂立足全面发展学生核心素养，大幅提升教育教学质量，做到学科培养目标要“基于价值引领”，教学活动设计要“基于学情诊断”，教学模式构建要“基于问题驱动”，师生交流互动要“灵活多维深度”，学科问题设计要“与生活实际相结合”，课堂教学评价要“即时科学个性”，突出培养学生阅读、思考和表达三个核心能力，聚焦核心素养，打造深度高效课堂，如图 5 – 14 所示。

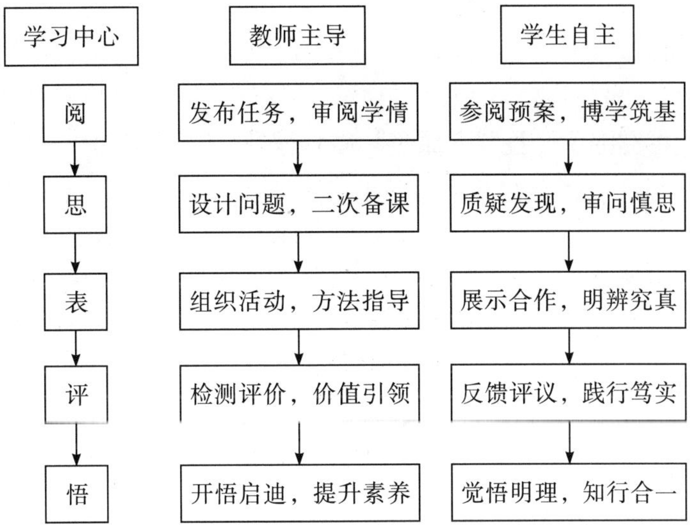

图5－14　基于“互联·深度”理念的“RDE双主线”教学模式

二、经验和做法

（一）科学推进智慧课堂建设

2016年2个班试点，2017年一个年级20个班运行，2018年全校60个教学班全覆盖。在此过程中，通过项目试点论证—构建保障体系—师生应用培训—理论研讨提升等，分步扎实推进《顺德一中智慧课堂实施方案》，服务师生、支撑课改、提质增效。

（二）打造共享式校本资源库

学科归类、优质分享、资源推送、门类齐全、实时更新。实现了日常作业电子化应用、教辅校本教材电子化推送、校本题库卷库电子化归类、微课资源广泛及时性应用、教学软件针对性配套。

（三）优化完善深度学习空间

开设专题学习空间，搭建研讨互动空间，构建资源获取空间、发展深度泛在空间。

（四）搭建全省应用推广平台

融入“华南师大—普通中小学”协同发展联盟，借力华南师大专家开展“顺德一中卓越教育研究”，举办全省大型教学开放日活动，承办全国高考备考研讨会，传播课改理念，展示课改成效，推介课改经验。

三、成果和影响

（一）时代性提出了“互联·深度”教学理念

中学固有的教学生态和风气，主要表现在教学理念的守旧、教学内容的孤立肤浅、教学形式的封闭单一，而“互联·深度”教学理念，互联强调的是教学视野的开放、教学元素的互联、教学资源的共享，强调的是“学习共同体”，深度强调的是高尚灵魂的塑造、崇高精神的树立、批判思维的培养、核心素养的形成，强调“文化成人”。

（二）创造性构建了“RDE 双主线”混合式教学模式

“RDE 双主线”模式教学法［Read/Review（阅）—Deliberate（思）—Express（表）—Evaluate（评）—Enlighten（悟）］改变“教为中心”的传统教学方式，摒弃中学教学普遍存在的“悬置学生主体”的方向错位，从激扬学生的主体精神出发，探索一条基于学生主体尺度的深度学习实施策略，以便实现新时代教育教学的根本转向。其中的“评”和“悟”环节，强调使学生把“认识自己”当作毕生的哲学修炼，强调批判反思坚持“牛虻精神”与“陌生人”视角，强调高扬自由、创造的实践境界。

（三）开拓性建立了校本学习资源库

1. 教师智慧课堂教学应用常态化。

应用指标	授课次数/次	课堂互动数/次	布置作业数/个	分享微课及资源数/个
	26699	12424	15746	28172
教师人均数量	120	56	71	127

2. 学生自主学习平台资源引进。

学校引进铭师堂 e 网通网络学习资源，满足学生个性化学习要求，利用空中课堂延伸学习途径。每学期寒暑假，各年级 e 网通访问时长 1 100 万分钟，人均 11 700 分钟，看课 262 万分钟，人均看课 2 800 分钟，涉及所有高考学科、生涯规划及心理课程，访问人数及学习时长居于全省前三。

（四）预见性提升了教学实践和教学管理效益

学科教学方面实现了高效备课，便捷了解学生学情、移动/互动教学、当堂检测、大数据支持下的精准教学、无纸化常态化应用等；教学管理方面，在课堂应用大数据监测、学业评价大数据监测等方面取得了很好的成效。

（五）旗帜性搭建了“三维联动”推广示范平台

构建“高等院校—科技企业—普通中学”三维联动机制，借力“华南师范大学—顺德一中卓越教育创建研究项目”，联合科大讯飞、铭师堂等科技教育企业，融入“华南师大—普通中小学”协同发展联盟，创造性地开展共建活动，促进“互联·深度”教学改革成果更好地广泛应用。

四、思考和展望

目前，信息化建设已成为国家战略，以教育信息化促进教育现代化发展已成为广泛共识。“互联·深度”未来课堂教学改革，要推进信息技术与学科教学、教育管理的深度融合，促进传统教学模式、教学方法、教学理念的提升与优化，构建更加开放、灵动、智慧的课堂，提升教师信息技术应用能力，促进学生综合素质能力发展，发展学生核心素养。因此，我校在“互联·深度”教学改革的研究与实践中还要不断地对以下问题进行思考与展望。

（一）顺德一中办学理念，如何通过课改贯彻与实践

在改革中落实“为学生一生发展奠基”的办学思想，践行“以学为本，学以致远”的办学理念。以“互联·深度”未来课堂教学改革为抓手，围绕“聚焦课堂，高效提质”教学宗旨，突出“学生核心素养”提升，营造以生为本的信息化智慧课堂教学生态，实现学生学习的个性化、泛在化、精准化。充分利用信息化网络学习平台，搭建学习社区，实现师生全天候教学互动。遵循翻转课堂深度教学要求，以校本资源库建设为载体，实现学生学习资源精准投放，并借助大数据平台实施精准教学分析，促进学生信息化素养和自主学习能力提升。引进“铭师堂”“e 网通”网络课程资源库，满足学生个性化学习要求，各取所需，有效补充，转变传统学习方式，变被动为主动，突出学生自主学习方式转变，为学生进入高校打好自主学习习惯和能力基础。

（二）新高考下选科走班教学的价值体现

新高考下，学生选科走班，带来预学资料推送、学习辅导、作业反馈、教学班评价及教学管理一系列困难。课改信息化智慧教学平台可以有效解决上述问题，实现有效教学互动，克服教学班学生分散在行政班的管理难点，保证教学过程完整实施。

（三）教师应用新技术、结合新模式、落实新理念

我们要继续围绕“互联·深度”教改理念，借助智慧课堂教学平台，构建教学方式变革新生态。通过教学理念学习树立、软硬件应用培训、外出学习借鉴、备课组集体学习研讨、种子教师培养、优质课观摩展示、省级公开课精心打磨、阶段总结分享、课例成果孵化，实现自上而下推进、自下而上的深化、由点及面的推广。

（四）想方设法解决课改中的痛点及问题

1. 理念树立过程艰难。教师改变原有传统教学方式经历阵痛，我们要不断创新理念，坚持理念引领。

2. 技术应用环境要求高。网络提升是关键，百兆进班级、千兆进校园，全校无线网络全覆盖，需要政府支持。且软件的兼容与便携化处理也有待提升。

3. 学生学习终端管控难。学生应用学习终端做与学习无关的事情，包括平板刷机、翻墙上网、软件漏洞、社区言论等，这对学校教学及德育工作提出了新的挑战，需要不断完善管理机制。

4. 教师应用程度差异化。绝大部分教师应用良好，很多教师应用成效显著，个别教师难以适应。同时，教师工作量明显提升，对教师工作提出挑战。需要以科组和备课组为单位进一步交流学习，共同提升。

5. 校本资源库的建设与完善是一个漫长与传承的过程。

区域教研谋发展　课堂改革促提升

单位：顺德区李兆基中学　执笔人：陈惠斌、李海峰

摘　要：为了适应国家教育综合改革的要求，提升教师综合素养，优化课堂教学，提升教育教学质量，实现学校教育的高质量发展，学校构建制度，搭建发展平台，促使全体教师参与教育教学科研，投入课堂教学改革，尽最大可能促进学生核心素养的提升。学校引入高等院校专家和名校名师资源，开展示范引领活动，促使教师们的教育教学行为规范、科学；紧跟时代步伐，更新教师教育理念，大胆推行课堂改革，有效地提升了教师队伍素质，促进名师成长，保障了学校教学质量，实现了学校在高考升学教育和创新教育活动中不断取得佳绩。实践证明，科研是教师成长的有效途径，课堂教学改革是学校教学质量提升的最直接最有效的手段。

关键词：区域合作　教师科研　教学改革　学校发展

一、基本情况

（一）背景缘由

2017 年 5 月，顺德区教育局印发了《关于全面推进区域教研改革发展工作的指导意见》，明确提出坚持以系统发展思想为指导，围绕我区“树立标杆，面向广深，打造珠三角教育高地”的教育发展目标，以改革完善教研机制为突破口、以进一步加强教研队伍建设为抓手，构建全新的教研工作格局，全面提升我区教研水平。作为顺德区重点打造的两所普通高中标杆学校之一，李兆基中学学校领导班子经过充分讨论，决定通过大力改革，全方位地参与区域教研改革工作，设计课堂教学改革方案，借力外部力量，充分调动校内资源，走上了一条科研兴校、改革强校的道路。

（二）推进思路

1．优化组织领导。成立教师发展指导中心，强化教师科研工作。成立李兆基中学课堂教学改革领导小组，由校长林俊才担任组长，学校教学副校长、课程中心和教师中心负责人担任副组长，各学科科组长担任组员，聘请高校专家担任顾问。

2．加强宣传动员。为推进课堂教学改革，学校举行了隆重的课堂教学改革动员大会，由林俊才校长进行总动员，并且对课堂教学改革的方案进行解读，帮助教师明确课堂教学改革的重要性和必要性，明晰学校课堂教学改革的理念与思路，清楚课堂教学改革的具体要求。此后，每逢全校教师大会，课堂教学改革成为基本话题。在学校

的大力营造之下，课堂教学改革成为教师们的共识，由“导、思、议、展、评、拓”六环节构成的思维课堂教学要求日益深入人心。

3. 构建制度引领。近两年来，学校先后出台了骨干教师评选办法、教坛新秀评选办法等，对于课改和教研方面有明确的要求，出台了具体的评分细则，让教师们明白自己要成为区级以上优秀教师、名师，就必须按照评选办法的要求全面发展、努力追求。

4. 开展专题活动组织推进。近两年来，我们围绕着区域联合教研和课堂教学改革开展了多个专题活动，如邀请区内中小学教师科研骨干和区科研办专家到校开展讲座，组织学校科研骨干在全校进行示范分享，邀请大学教授对青年教师和骨干教师进行成才讲座，组织开展课改课展评活动、开展与区域外学校同课异构活动等。

5. 加强评价。每一个活动的开展都要及时地给予评价，奖励与批评及时地反馈到教师中间，每一次活动的评价都会计入教师的成长档案之中，既成为教师年度综合评价的依据，也是教师开展总结反思的材料。一次有意义的活动的开展，其影响力不能局限于一个时段，要让它成为教师长久的记忆。

（三）开展情况

1. 积极组织教师利用区教育发展中心组织搭建的区域联合教研平台。在学校区域联合教研平台建设完成以后，我们积极组织教师到录播室上课，并分享到平台之中。一年多以来，全校共有240多节次在录播室上课。录播室上课留下的教学实录帮助教师们参加“一师一优课、一课一名师”活动并取得了优异的成绩。

2. 积极稳步推进课堂改革。为深入落实立德树人根本任务，充分发挥课堂教学在提升学生核心素养方面的关键作用，我校不断探索新时代课程改革背景下的课堂教学改革，在前些年“发展性问题教学”改革的基础上，提炼出了符合我校学情和校情的“素养课堂”（“导、思、议、展、评、拓”）新型教学模式（见图5－15），为学校课堂改革指明了方向。学校通过“全体动员—分批学习—课例分享—视导督促—比武展示—区级示范—总结反思”等几个环节稳步推进课改工作，成效初显。

学校课程与教学指导中心以备课组教研为抓手，成立李兆基中学教学督导委员会，督促落实教师的课改行为，强化备课组集体打磨“素养课堂”各个环节，让“教师主导，学生主体”的课堂理念真正落到实处。学校组织高一级、高二级教师、备课组长分批前往襄阳一中、新兴一中等课改名校学习，定期推出各学科课改优秀课例分享会，每学期进行课改优质展示课评比活动，邀请专家教授点评指导。我校课改逐渐深入人心，一大批优秀课例获奖。

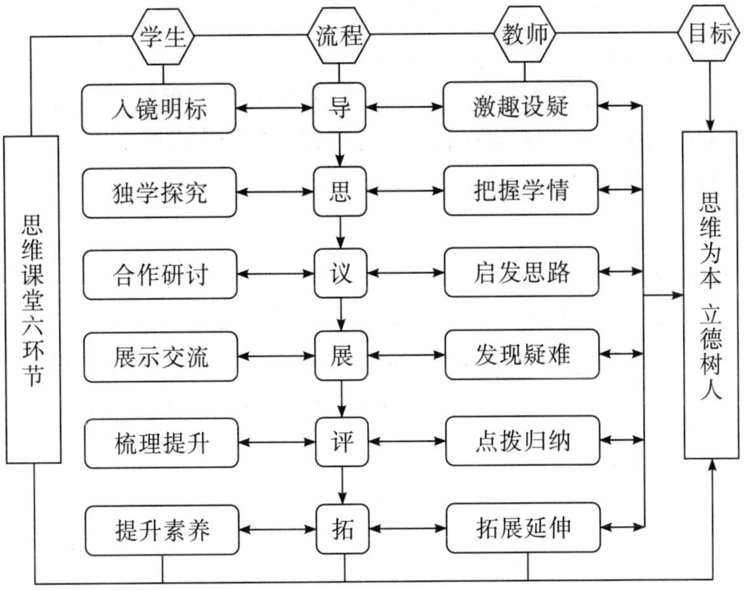

图 5－15

3．选派优秀教师与各学校教师开展同课异构活动。开展同课异构活动是进行区域联合教研的一种直接有效的手段。近一年来，我们派出了二十几位教师到区内外各高中学校进行同课异构活动，展示我校课改风采，促进自身成长。相关学科组以同课异构活动为契机，加强与兄弟学校同学科教师的教学研讨，不断打磨适合学科特色的“素养课堂”模式。

4．加强科研队伍的培养。为了发动更多的教师参加教育科研活动，我们搭建了教育科研平台“李兆基中学教育科研论坛”，建立了“李兆基中学科研精英群”，有计划地通过这两个平台对教师科研工作进行指导、发动。在我们的邀请下，全区高中学校科研骨干培训活动在我校举行。我们邀请广东省科研积极分子关朝珠老师为全校教师介绍自己的科研之路，邀请华南师范大学博士生导师钱扬义教授到校为教师们做题为“中学教师教学与教研能力提升的套餐”的科研讲座，邀请广东第二师范学院胡继飞教授为全校教师做教育行动研究及教育叙事写作培训。通过培训，我校教师的科研意识明显增强，科研能力提升。

5．自主建设教学联盟，加强校际联合教研。学校与顺德区内多间学校建立双向教学联盟，每年派出不同学科的多名教师到兄弟学校交流。近几年来，我校先后与杏坛中学、容山中学、伦教中学、桂洲中学和青云中学签订协议，总共派出了近三十位教师前往这些学校进行教学交流，并且相应的学科组、备课组之间也形成了合作关系。这些教师定期到兄弟学校上课、开展讲座等活动，参加兄弟学校科组的研讨活动，定期组织两个学校间的科组交流活动。这些活动大大地加强了我校与兄弟学校间的教学交流与合作，促进了双方教师的成长和教学成绩的提高。

6. 组织教学开放日，展示我校课改情况，全面推进区域联合教研。每年学校都会举行教学开放日，开放日的基本形式是我校教师与兄弟学校教师开展同课异构活动。每次开放日活动都是我校各学科与兄弟学校教师之间集体研讨的一次盛会，同时也是我校课改情况的集中展示。

二、 经验和做法

1. 宣传动员很关键。开展区域联合教研和课堂教学改革都是新事物，对于一些相对比较保守的教师来说冲击比较大，因此遇到的阻力也比较大，要使这一工作能够顺利开展下去，必须从思想上打通。因此宣传动员一定要做到位。我们学校不但召开了动员大会，而且要求每一位下科行政每周都必须在主管的相关学科组教师中宣传，要主动找相关教师做工作，确保自己所负责的学科教师思想上能够理解学校要求。虽然说最终还是有少数老教师在改革行动中做得不太到位，但对于改革的理念还是赞同的，因此，在改革的道路上现在反对的声音很小。

2. 队伍培训是保障。为了确保教师的改革能够尽快推进，我们组织了全体高一高二年级以及部分高三年级的教师到课改名校湖北省襄阳一中学习交流，切身领会课改名校的课堂魅力，在思想上受到巨大的冲击。为了培养教师先进的教育教学理念和技能，我们与华南师范大学合作开展“1+1+3+N”明师项目工程，由华南师范大学的知名教授和广东省一线的教学名师（主要是特级教师和正高级教师）手把手地指导我校教师备课、上课，促使一批青年教师迅速成长。这些教师都成为学校课改和教研方面的骨干。

3. 制度引领是力量。近两年，我校制订了骨干教师评选办法、教坛新秀评选办法，直接推动了一大批教师积极地投入到教育科研和课堂教学改革之中。年度优秀教师评选办法、教师学年综合评定办法等的出台，也使每一位教师明确了自己的发展方向，让优秀者脱颖而出，让落伍者知耻而后勇。青年教师的工作热情大涨，一些本来有职业倦怠的中老年教师也有了明显的转变。

4. 过程监测很重要。教育教学工作最重要的地方是落实。为了推进课堂教学改革，学校成立了教学督导委员会，由各学科推选的骨干教师组成。他们每周都要深入全校教师的课堂听课，及时将发现的问题提交学校领导层，这大大推动了学校课堂教学改革。

三、 成果和影响

1. 教师科研气氛浓厚，科研成果丰硕。现在的李兆基中学，教师开展教育教学科研已经成为一种潮流，已经有近一半的教师成为科研骨干。近三年来，一半以上的教师参与到课题研究之中，促使我校在科研方面取得了突破性的成绩。近三年来，我校教师申请立项的区级课题23项、省级课题3项、市级课题2项，完成课题结题近20项。教师撰写教学论文的热情高涨，水平很高。仅2018学年，全校教师在省级以上刊物中发表的教学论文就不少于15篇。

2. 教师队伍成长迅速，名师队伍不断壮大、提升。科研工作的提升为教师队伍的成长打下了坚实的基础，我校教师参加各种教学技能比武取得优异成绩，近一年中获得省级二等奖以上有5项。6名教师被评为区首批名教师、名班主任和名校长，3名教师被评为区教坛新秀，其中谢树亮老师被评为广东省特级教师。

3. 教育教学效果显著提升，区域影响力不断增强。我校近几年来的高考成绩一直保持稳定上升的趋势，高考上高优线的比率已经接近80%。更为可喜的是，在2019年高考中有一名学生成为屏蔽生，并被北京大学录取。越来越多的省内名校主动跟我校交流合作。

四、思考和展望

1. 区域联合教研既要充分挖掘自身资源，不断提升本校教研能力，做好本校基本功，又要不断外拓，扩大联盟学校圈子，不断交流学习，以便更好地形成合力，推动本地区整体教研能力和教学质量的提升。

2. 课堂改革永远在路上，只有坚定意志，克服困难，让教师们真正享受到课改带来的红利，比如教学质量的提升，教师自身的成长，才能让老师们更好地支持学校课改工作。为此，学校要在课改的过程中结合学校实情，不断修正完善，让课改真正在落实立德树人任务，提升学生核心素养方面发挥积极作用，让学校办学迈向新高度！

改革促发展　高效出成绩

单位：郑裕彤中学　执笔人：孙垂鑫

摘　要：好课堂里出创新，好课堂里出个性，好课堂里出品质，好课堂里出经验。郑裕彤中学从2013年开始摸索课堂教学改革经验，2015年正式制定了魅力高效课堂教学改革方案，分“调整课堂结构”“重塑教学关系”“改变教学意义”三个步骤进行改革。魅力高效课堂主要分四个环节：“情境自学”“合作互学”“展示激学”“提升领学”。几年来的课改拓宽了教师的教育视野，提升了教师的学科素养和教学能力，学校的教育教学质量稳步提升。

关键词：魅力　高效　课堂结构　教学关系　教学意义

一、基本情况

（一）背景缘由

郑裕彤中学是一所区属重点中学，随着形势的发展，多间学校的扩招，我校的生源质量有一定程度的下降。与此同时，我校的教师结构也正处于调整之中，学校的进一步发展面临着较大的压力。我们越来越认识到：教学质量再也不能靠挤时间、拧学生、以牺牲学生的身心健康为代价来提高了。新课程不再以知识体系为核心，而是以学生的认知为核心。新课堂教学应促进学生的身心发展，使学生健康快乐地成长。要进一步提高教学质量，必须改进课堂教学，打造高效、优质课堂。那么如何才能打造高效、优质的课堂呢？我校从2013年开始摸索课堂教学改革路径，2015年正式开启了课堂教学的变革，制定了课堂教学改革方案，并提出了打造“魅力高效课堂”的口号。

（二）推进思路

第一步，调整课堂结构。变传统课堂的“先教后学”为“先学后教、以学定教、多学精教、以教促学”。（落实知识阶段）

第二步，重塑教学关系。生进师退，充分让学生自主、合作、探究、展示，重建教学关系、改变师生关系，由“教中心”向“学中心”，由“师为本”向“生为本”转型。（落实能力阶段）

第三步，改变教学意义。坚持立德树人，落实核心素养，从学科教学走向学科教育，关注课堂教学背后的教育思想及对学生生命成长规律的认知，从而有效破解“培养什么样的人”的教育核心问题。（落实素养阶段）

（三）开展情况

1．调查研究。

2013—2015 年，我校邀请华南师范大学附属中学的 9 位学科骨干教师来校听课、评课，邀请北京靠谱团队来校进行课堂教学观察，组织老师赴山东昌乐二中和重庆凤鸣山中学实地考察调研，通过走出去和请进来的方式及组织教师学习研读国内有关高效教学方面的理论，了解研究情况，分析研究方法，选择合适的理论（如建构主义等）指导实践研究，在实践研究中深入了解课堂教学现状，分析存在的问题，统一课改思想。

2．制定实施方案。

在调查研究的基础上制定有关策略：

（1）找出课堂最缺失的东西。课堂最缺的是什么？我们认为最缺的是激情、活力、兴趣、幽默、对生命的尊重，最缺的是学习的精气神，是一种推动学生生机盎然地去学习的力量。

（2）统一对“魅力高效课堂”的认识。与直接把知识学习的结果高效当作追求的目标不同，“魅力高效课堂”是以尊重人的生命发展需要为出发点，目的是为学生的学习注入动力，从而激发学习活力，达到学习高效目标的。因此，这样的改革更加关注过程的魅力，更加充满了人性的温情。

我们的基本观点：魅力课堂是“引力场”“思维场”“情感场”，并最终走向人的“生命发展场”。这样的“魅力课堂”，将努力使学生的学习是基于内在兴趣和需求的推动，强大的内驱力使学生学习成为一种生命成长本身的需要。

（3）我们要做出哪些改变。一是改变教师的教学观念。作为教师，要打造高效、优质的课堂，必须改变过去那种重结论轻过程、重记忆轻思考、重文字轻图表、重积累轻运用的教学观念，把课堂教学真正由“教而获知”转变为“学而获知”，让学生自主学习、合作学习、探究学习，积极地参与课堂，并在学习过程中启发思维，不断发现问题、尝试解决问题。二是改变教师的教学方式。采用自学、学案导学、问题驱动、研读，小组讨论、展示交流、实验探究等方式来改变师讲生听的教学方式。三是用激情影响学生，使学生课上处于主动学习的状态。四是恰当运用激励性评价，当堂检测，及时反馈学生的掌握情况。五是学案导学。学案不同于教案，教案的着眼点和侧重点在于教师讲什么和怎么讲，而学案的着眼点和侧重点在于开启学生智慧，调动学生积极性，发展学生的知识和能力。前者重在教，后者重在学；前者以教师为中心，后者以学生为中心；前者强调“给予”，后者强调“拿来”；前者侧重“学会”，后者侧重“会学”；前者追求的境界是“谆谆教诲，诲人不倦”，后者追求的目标是“海阔凭鱼跃，天高任鸟飞”。

（4）制定方案。

魅力高效课堂主要分四个环节：“情境自学”“合作互学”“展示激学”“提升领学”。

①“情境自学”环节。本环节中“情境自学”是学习方式，此处指学生在课堂上通过在一定情境下的独立自学，含英咀华，初步达成学习目标时的一种愉悦的体验状态。

②“合作互学”环节。本环节中“合作互学”是学习方式，也是学生作为课堂主体性的体现。“合作互学”强调学生的全员参加和学生之间的相互合作，这不仅能满足学生学习和交往的需要，更有助于形成学生学习和交往的技能，促进学生学习能力和生活能力的发展。

本环节通过学习、讨论或小组内互帮，让学生深入知识的内部，领会知识的内涵，发现知识生成的初步或基本的规律，基本达成学习目标，同时用集体学习的动机促进内化的方法，使知识与思维、情感、态度真正成为学生生命的有机成分。

③“展示激学”环节。本环节中“展示激学”是学习方式，本环节是“魅力高效课堂”实施的关键，课堂上应留有充足的时间来予以保障。

优质课堂一定是学生展示才华的课堂，一定是师生追求幸福的课堂，一定是师生实现生命意义的课堂。每个人都有获得尊重和认可的需求，都有自我实现的需求。为了自己的“展示”能获得认可和好评，学生必将为此做好充分的准备，这就会大大激发学生“自学”和“互学”的积极性。在展示的过程中，成员之间、小组之间相互讨论、质疑、对抗，学生之间智慧和知识的“广博性”和理解的“深刻性”相互感染，在分享同伴学习成果的同时，每个学生心里又充满了对学习的渴求和内化的强大动力。

④“提升领学”环节。本环节中“提升领学”是学习方式。知识都是从感性到理性、从个别到一般的发展，学生要达成学习目标，掌握有关知识，形成综合能力，必须对零散的知识进行总结、归纳，形成相对完整的知识体系。本环节主要是对本课的知识进行归纳总结，促使学生在领悟的基础上完成对知识生命的拓展，促使学生的认识在发现知识变化的规律后再次提升，让学生思维的深度和广度得到再次提高。只有知识体系得到建立，学习规律得到把握，学习能力才得以提升。

3. 实施方案。

“魅力高效课堂”遵循的四大原则：先学后教、以学定教、限时授课、充分展示。但我们不唯模式唯成长，充分尊重教师的个人意志。

二、经验和做法

1. 加强集体备课，夯实高效的基石。

以开展优秀备课组评选活动为抓手，加强集体备课。各备课组每周不少于一次集体备课。集体备课定时间、定地点、定主题、定中心发言人，教务处安排专人进行检查登记，作为优秀科组评比的重要依据。集体备课的主要内容是研究教学内容（重点、难点和考试的难度）、教法与学法，习题的设计与选用等。集体备课前各组员要认真准备，拿出方案；活动时大家各抒己见、集思广益，根据讨论制订出比较完美的教学方案（导学案），比较全面的教学评价，切实做到资源共享、共同提高。学校每学期开展优秀备课组评选，对获得优秀备课组的教师进行奖励。

2. 重视教师培训，保证课堂整体高效。

（1）加强师资队伍的业务培训。

一是组织好教师参加各级教研部门组织的各种教研活动（每次活动都做好登记与反馈）。

二是分学科组组织老师外出考察学习。各学科组根据科组的实际情况在省内外找准一间名校开展具有针对性和实效性的理论学习和教学研究。

三是加强对新高考的研究。45岁以下（含45岁）的教师每学年第一学期初做高考题，每学期末做高三期末统考题。

（2）加强对青年教师的培养力度。

一是开展新老教师结对子活动，为新教师聘请指导教师，手把手地指导年轻教师，使年轻教师快速成长起来。

二是开展新教师教学基本功比赛（做题、命题、汇报课、优质课）；

三是逐步落实青年教师的成长规划方案。

四是对新入职的教师在师德建设、岗位成材、教学教研等方面进行培训。学校对新入职的教师的要求是：观念上要求新，工作上要求勤，业务上要求精，态度上要求诚，待人上要求和，使自己适应岗位并逐步走向规范，走向成熟。在教学过程中要严格要求自己，坚持提前一周备课，提倡一课多备，选择使用。要积极参加教学研究，勇于承担任务，大胆创新。

五是教务处、科组长，备课组长对青年教师的备课、上课、作业批改、听课、业务学习等情况进行不定期的检查，并将有关情况载入青年教师档案。

六是邀请专家来校听课，为青年教师进行指导。

3. 加强督学工作，是落实魅力高效课堂的保证。

学校成立了以校长为组长，分管教学的副校长为副组长，学科组长和骨干教师为成员的郑裕彤中学督学小组，每学期有督学计划，每周有督学安排，每月一次督学反馈，每学期一次督学总结，通过督学及时发现问题、及时整改，有力地促进了课堂教学改革的落实。

4. 开展教学调查，从反馈促高效。

就教师备课、布置预习、作业处理等环节设计问卷调查，每学期期中和期末开展两次网上教学调查组织。教务处根据调查数据进行分析统计，并制成“雷达图”在全体教师会上进行反馈，为学校决策提供参考依据，也为教师进一步提高教学效果提供思考借鉴。

5. 开展联合教研，铺就高效快车道。

2016 年和 2017 年，我校语文、英语、数学、物理、化学、生物、政治、历史、地理九个学科分别主持了 1 ~2 次片区教研活动。区域教研活动的突出价值在于：展现了不同学科、不同课型、不同课时、不同学情的，具有不同个性与特色的课堂形态；一批好课脱颖而出，为新课堂提供了范本与模板。

三、成果和影响

1. 拓宽了教师的教育视野，培育了教师的创新思维。教师的教育教学观念得到了更新。“新三观”——以人为本的教育观、以学为本的教学观、以生为本的学生观，更加深入人心。

2. 教师的学科素养和教学能力得到了提升。课堂教学改革，强化了教师对学科的整体性和深度的认识，更好地把握学科发展前沿，增强了教师教育教学研究意识，提升其教学专业能力。近两年，我校教师在参加顺德区名师、名校长、名班主任、骨干教师、教坛新秀、优秀青年教师的评比中，均获得好成绩。其中名师 6 人，名校长 1 人，名班主任 1 人，骨干教师 3 人，教坛新秀 3 人，优秀青年教师 5 人，在同类学校中比例较高。

3. 学生的学习主动性得到了改善。学生由“要我学”变成“我要学”，由“被动学”变成“主动学”，由“痛苦学”变成“快乐学”，由“孤独学”变成“合作学”，由“单一学”变成“全面学”。

4. 学生的成绩得到了提升。连续三年，学校高考成绩逐年攀升。2017 年重本率 52.98%，2018 年高优线率 56%，2019 年高优线率 62%。

5. 学校知名度得到了提升。近两年开发品牌课程 1 个、优秀科组 1 个，英语学科被评为区课程基地，信息学科和体育学科被评为区竞赛基地，学校被评为课程实验基地。学校连续三年被评为顺德区先进学校、高考成绩优胜学校。学校的知名度大大提升，每学年的教学开放日都有来自佛山、中山、东莞、深圳、韶关、肇庆等地的教师来我校听课，人数多达 1 000 人。近几年，我校的综合实力排名稳居前列，处于第七、第八的位置。

四、思考和展望

有研究者提出，青少年学生在学习上会出现十大共性问题：学习无计划、学习不定时、学习不定量、学习马虎、学习不专心、不懂的不问、有错不改、课前不预习、注意力不集中、不复习就做作业。学生只有战胜了这些学习的“天敌”，才能步入“高效学习”的快车道。今后我们教师如何能更加有效地指导好和引领好学生去战胜以上十个方面的“天敌”，还需要我们花大力气去研究

另外，在大班额的现实情况下，我们的课堂教学如何更好地按照学生的认知特点，解放学生，让他们自主去学、去做、去体验，真正减轻课业负担？基于不同起点、不同需求，如何使学生的学习水平在已有基础上得到最大限度发挥呢？我们觉得下阶段我校在硬件实施完善的条件下，要利用大数据和人工智能积极探索个性化教学。

信息技术深度融合的“1 +1 主体建构”课堂教学改革实践创新研究

单位：顺德罗定邦中学 执笔人：吴潜波

摘 要：2016 年 9 月，面对新课程新高考改革、教育信息化 2.0 时代的机遇，适逢顺德区推进学校优质化、特色化、多样化发展契机，顺德区罗定邦中学从课堂教学改革入手，从教学实际出发，以学习者为中心，积极探寻信息技术与课堂教学深度融合之路，推进信息技术深度融合的“1 +1 主体建构”课堂教学改革深入发展。充分打造、利用信息技术平台（“定邦”教学云平台），对学生学习过程进行记录、评价、引导，突显学生学习者中心的地位，实施个性化、差异化学习。拓展学生学习的广度和深度，践行了由传统的线性教学转变为非线性的资源型教学理念。

关键词：信息技术 深度融合 “1 +1 主体建构”

一、信息技术深度融合的“1 +1 主体建构”课堂教学改革的背景

我校实施课堂教学改革，顺应课程改革与教育信息化 2.0 时代的要求，立足于提升学生自主学习、合作学习的能力，打造个性化、差异化学习方式，建设学习型、研究型师资队伍，推进我校办学质量持续发展。并希望能将我校课改研究成果进一步推广应用，让更多地区的同类学校能够应用这一教学模式，共同推进教学改革。

（一）顺应课程改革，提升学生自主学习、合作学习能力的需要

新课程标准和课程改革注重对学生整体素质的培养，要求转变学习方式，让学生由被动学习到主动学习，由个体学习到小组合作学习。《国务院关于基础教育改革与发展的决定》也强调，“鼓励合作学习，促进学生之间的相互交流，共同发展，促进师生教学相长”。在此背景下，现代学习需要自主和合作并存，现代课堂呼唤新型的师生关系。在当下知识爆炸的时代，掌握知识的多少已经不是最重要的，如何掌握知识才是至关重要的。小组合作学习，有利于培养学生合作学习的能力，提升学生的综合能力，促进学生全面发展。小组合作学习由于具有探讨性、开放性、自主性、过程性、课题性和创新性等特点，强调教育教学活动中和谐的师生关系，已成为当前教学法改革的主要趋势。

（二）顺应教育信息 2.0 时代，打造个性化、差异化学习方式

当下，教育信息 2.0 计划是顺应智能环境下教育发展的必然选择，是推进“互联

网 + 教育”的具体实施计划，是充分激发信息技术革命性影响的关键举措。其基本原则包括坚持育人为本，即面向新时代和信息社会人才培养需要，以信息化引领构建以学习者为中心的全新教育生态，实现公平而有质量的教育，促进人的全面发展；坚持融合创新，即发挥技术优势，变革传统模式，推进新技术与教育教学的深度融合，真正实现从融合应用阶段迈入创新发展阶段，不仅实现常态化应用，更要达成全方位创新。

二、信息技术深度融合的“1 +1 主体建构”课堂教学改革实践的经验与做法

顺德区罗定邦中学的课堂教学改革，大体可分两个阶段。2010 年 9 月至 2016 年 7 月为第一阶段，主要工作为“1 +1 主体建构”课堂教学模式的构建与完善。2016 年 9 月至今为第二阶段，在原有课堂教学改革的基础上，积极构建信息化课堂，着力提升自主学习课的效能与展示交流课的效率，为学生创设个性化、差异性的学习方式。

（一）“1 +1 主体建构”课堂教学模式的构建

2010 年以来，实施“1 +1 主体建构”课堂教学改革。以主体认识论和建构主义为理论支撑，导学案、学习小组为载体，自主学习课和展示交流课为两大课型，自主预习、合作探究、展示点评为主要环节，成功打造了自主、合作、有效的课堂，有力提升了教学质量和学生的综合素养，促进了教师的专业发展。

（二）信息技术深度融合的“1 +1 主体建构”课堂教学改革的深入推进

2016 年 9 月，面对新课程新高考改革、教育信息化 2.0 时代的机遇，适逢顺德区推进学校优质化、特色化、多样化发展契机，我校从课堂教学改革入手，从教学实际出发，以学习者为中心，积极探寻信息技术与课堂教学深度融合之路。

信息技术深度融合的“1 +1 主体建构”课堂教学改革，不仅仅局限于线上教学资源库的建设，而是立足于学校课堂教学改革实践活动。一是充分打造、利用信息技术平台（“定邦”教学云平台），对学生学习过程进行记录、评价、引导，突显学生学习者中心的地位，实施个性化、差异化学习。二是拓展学生学习的广度和深度，提高自主学习课的效能与展示交流课的效率。三是帮助教师精准掌握学情、精心组织教学、精确指导学习，提升课堂效能。四是通过大数据的支撑，让学生的学习过程更具整体性和连贯性，践行了由传统的线性教学转变为非线性的资源型教学理念。

更为重要的是，除了学生学习方式的转变，信息技术还将会渗透到学校教育教学的各个环节，包括学习空间的再造、课程体系的重构、组织管理的转型、校园文化的升级，力图加强信息技术与学科教学、社会生活的联系，全面构筑育人新环境，培养出具有科学精神、人文情怀以及实践创新能力的人才。

（三）信息技术深度融合的“1+1主体建构”课堂教学模式的操作流程（见图5-16）

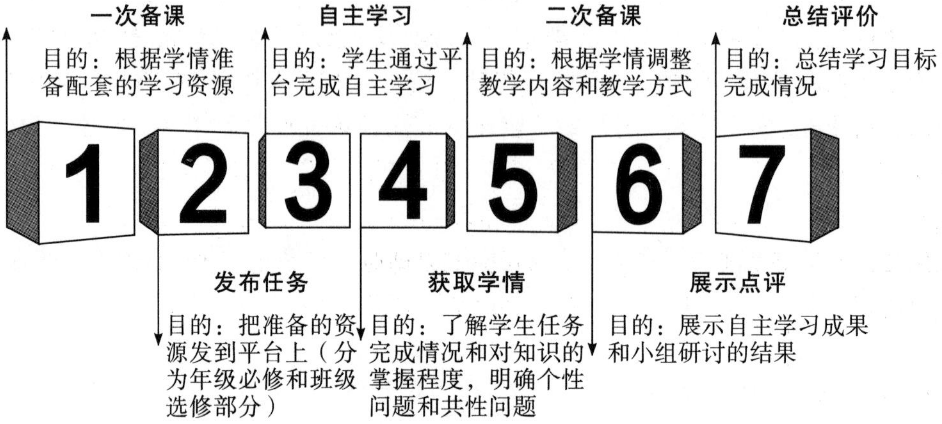

图5-16 “1+1主体建构”课堂教学流程

1. 备课组集体教研，编制“云学案”，并上传云平台。

所谓云学案，或称为“基于云技术的学案”，是指在新课标背景下，在教学的过程中，充分利用云技术和云平台，有机导入高清图片（包括动图）、微视频、微课、文字材料、电子书、flash、各种习题、学术前沿等教学资源的学案，它具有素材多元、发布迅速、更新及时、有机融合、快捷批阅、高效反馈等优点。当下，“云学案”的核心还是学生自主学习时使用的导学案。在导学案的编制中，尤其注重“自主预习案”中背景材料的选用，以供学生阅读思考。教师将导学案上传至教育云平台，以任务的形式引导、驱动学生开展自主学习。学习任务分为必做、选做两部分，为不同层次的学生提供个性化选择。

2. 学生登录云平台，开展自主学习，并即时反馈。

自主学习课上，学生利用平板电脑登录平台，在任务单的引导下开展自主学习，完成教师上传的学习任务。利用云平台开展自主学习，有以下几大优点。（1）学生提交自主学习作业后，即可获知参考答案或解题思路，并加以订正，提升自主学习的获得感；（2）教师预设丰富的学科背景材料与核心知识点微课讲解，为学生自主学习提供有力支撑；（3）学生可将学习心得、疑惑通过平台及时反馈给老师，增进师生互动，为教师精准备课提供素材；（4）云平台系统会自动记录、留存学生自主学习过程，提供客观的数据统计和分析。总而言之，通过云平台开展自主学习，能帮助学生提升自主学习效能，达成知识体系的初次建构。

3. 教师精准获取学情，完成二次备课。

通过云平台教师端，任课教师实时查看学生自主学习完成情况，进一步了解学情。提炼共性、个性问题，掌握学生的兴趣点、关注点、疑难点，生成更切合实际的教学目标。在此基础上，教师二次备课，教学设计更具针对性。

4. 展示点评课上合作探究、展示点评。

学生通过自主学习课完成知识体系的初次建构，教师精准获取学情后调整教学设计，为展示点评课的顺利进行打下坚实基础。核心在于教师解答学生自主学习中遇到的困惑，指导学生开展小组讨论，对合作探究案中的重难点问题（多以探究题形式呈现）进行研讨、展示（口头展示与黑板展示相结合，或利用阅课系统直接投屏至电子白板）、点评（多以他评的方式进行）、质疑、点评。此外，在展示点评课上，教师充分利用阅课投屏等功能，可将学生合作探究成果即时、多维度展现，直观便利。如此，师生思维得以碰撞，激发学生的求知欲、集体荣誉感，提升其思辨能力与团队协作能力。

5. 巩固提升，总结评价。

学习是基础知识与基本技能的有机结合。经过上述教学环节，学生已不同程度掌握了基础知识，再通过典型习题加以巩固提升，达成知识体系的最终建构。在当堂巩固环节，多以客观题加以呈现。学生提交答案后，系统即时生成统计数据，为教师精讲提供第一手资料。授课结束后，教师或学生代表及时对整节课的知识内容、课堂表现进行总结评价，其目的主要在于引导学生学会总结、学会反思，提高自我认知能力，建立足够的学术自信。此外，学校正积极探索利用云平台，以小组为单位，开展师生互评，作为综合考核的参考数据。

6. 自主规划，个性学习。

教学云平台可根据学生学习情况，自动归类生成个人错题集、典型习题集等个性化学习资料，供学生学习提升。此外，学生还可以借助平台自主规划学习内容、学习节奏。同时，教师根据平台数据，结合学生的知识水平与学习能力，制定不同的学习方案，并根据学情适时进行调整，满足学生的需要和促成他们的个性化学习。

三、信息技术深度融合的“1+1主体建构”课堂教学改革的主要成果

信息化课堂教学改革至今，创建了“定邦”教学云平台，并在此基础上构建了有效的信息化课堂教学模式，提升了学生的学习能力，促进了教师专业化发展，教学质量稳步攀升。

（一）创建拥有自主知识产权的“定邦”教育云平台，并走向开放、共建、共享

“定邦”教育云平台的创建是以智慧校园为标杆，对学校信息化基础设施和业务平台进行统一规划建设，为师生提供完善的智慧教育应用服务支撑，实现信息技术与教育业务的有机融合。具体指标包括：建设云教学课程资源平台，促进优质资源共建共享；搭建教师专业发展平台，包括评教系统、在线培训系统、微课平台、智能备课系

统、互动空间等，利用大数据记录教师成长轨迹，促进教师专业性发展；搭建学生自主发展云平台，记录学生生涯的成长过程，通过大数据系统全面反映学生综合素质发展的真实情况。同时，面对新课程、新高考改革的机遇与挑战，学校正着力挖掘信息技术在选课走班、课程编排、学生生涯规划等方面的应用与提升。

随着平台的日趋完善和功能模块的逐渐丰富，我校的云平台已引发了区内外不少教育同行的瞩目。在信息化 2.0 特色学校创建期，学校会升级平台软件，以进一步辐射“定邦云”的作用，带动区域信息化的发展，实现开放、共建、共享。

（二）信息化软、硬件建设初具成效，积极开展数字化校园文化建设

目前学校已实现校园无线网络全覆盖，拥有自建共享服务器，每间教室均安装有 AP 设备，为信息化课堂建设提供足够的网络支持；打造数据中心，将全校各种系统进行全面整合，实现数据的可视化管理；建成多间录播室、微课录制室、未来课室等，为信息化课堂建设提供保障。此外，新闻中心、电子班牌、校园直播平台的建设，也为学校的数字化校园文化建设提供了保障。

（三）信息化课改促进教师专业成长

近年来，学校教师在信息化课改中不断成长，涌现出了一批敢于创新、勇做时代弄潮儿的教师群体。他们不仅革新了课堂，而且积极参加各级各类教学比武，成果斐然。蒋治国老师获中央电化教育馆主办的“2019 年新媒体新技术教学应用研讨会”二等奖，孙琼老师在全国新技术支持下个性化学习高峰研讨和应用成果展示活动中获得全国二等奖，罗泳欣、何妹才、孙琼三位老师的录像课被评为“教育部部级”优课，孙琼、尚志、李海燕、尚文祥、罗泳欣、何妹才、洪生锋、林秀珠 8 名老师的录像课在“一师一优课、一课一名师”评比中被评为“广东省省级”优课。

学校教师将自己信息化课改实践中的心得撰述成文，屡有发表或获奖。如熊文华校长的《信息技术助推课堂　自主合作提升素养》一文刊登在《语言文字报》，并荣获国家语委主办的“校长领导力与学校品牌建设”征文一等奖。张欢老师的《基于云学案的教学实践活动探索——以“文艺复兴巨匠的人文风采”一课为例》发表于国家级核心期刊《中学历史教学参考》，另有李定平、李锦雅、郗坤洪等多名老师的相关论文获奖。

（四）信息技术的广泛应用为学生成长搭建广阔平台

信息技术广泛应用于学校教育教学中，为学生成长搭建了广阔平台。如在学校校本课程开发中，信息技术贯穿于学生选课、学习、总结反馈始终，记录着学生的个性化学习轨迹。校园里的电子班牌，以多媒体形式传播着“身边人、身边事、身边的榜样”，引导学生向上向善。依托于信息技术壮大起来的学校机器人社团，更是战绩辉煌，先后获得 2017 年世界机器人大赛 RoboCom 青少年挑战赛全国总决赛冠军、全国中小学电脑制作比赛能力风暴 WER 能力挑战赛高中组第一名，2018 年第十九届广东省中

小学电脑制作活动比赛高中能力风暴 WER 能力挑战赛一等奖，2018 年顺德区第十六届中小学电脑机器人一等奖，2019 年顺德区第二十届中小学电脑机器人比赛一等奖等荣誉。

（五）信息技术促升教学质量，屡获嘉奖

扎实有效的教改，有力提升学校教学质量，高考成绩一年一个台阶地持续提高。罗定邦中学课改前后的高考成绩变化如下表所示。

对比	年份	报考人数	重点人数	本科上线人数	本科上线率	总上线人数	总上线率
课改前	2010	520	24	290	55.80%	504	96.92%
	2011	598	29	381	63.70%	591	98.83%
	2012	700	19	425	60.70%	697	99.57%
课改后	2013	744	46	525	70.56%	742	99.73%
	2014	847	49	689	81.30%	843	99.53%
	2015	834	99	707	84.67%	832	99.64%
	2016	833	129	748	89.69%	833	100%
	2017	936	158	840	89.79%	936	100%
	2018	939	176	871	92.75%	939	100%
	2019	906	222	867	95.69%	906	100%

（六）信息化课改日益赢得区内外教育同行瞩目

2018 年 4 月 16 日，在中国教育技术协会主办的 2018 年中国教育技术协会年会暨教育信息化高峰论坛上，学校熊文华校长受邀做学校信息化建设经验介绍。5 月 25 日，2018 顺德区中小学深化课堂教学改革研讨暨成果推介会议落户罗中，熊文华校长做信息化课堂教学改革主题演讲。2019 年 3 月 18 日—22 日，学校选派骨干教师赴四川省盐源中学、雷波中学扶贫支教，增强了信息化课堂建设的辐射力。2019 年 3 月 25 日，广西恭城瑶族自治县考察团来校观摩信息化特色学校建设。罗定邦中学信息技术深度融合的“1 +1 主体建构”课堂教学改革业已成为顺德教育的一张课改名片，不断前来交流学习的兄弟学校众多，这也为构建“智慧课堂联盟体”打下了基础。

四、信息技术深度融合的“1 +1 主体建构”课堂教学改革的思考与展望

学校大力推进信息技术深度融合课堂教学改革，以提高自主学习课的效能为突破

点，以学生个性化、差异化学习为出发点，以学生学习方式的变革及学习效能的提升为增长点，以教师专业技能的提升为根本点，着力解决教育教学改革中的重难点问题。

（一）进一步革新师生观念，提升“信息意识”

中国学生发展核心素养之“信息意识”，包括能自觉、有效地获取、评估、鉴别、使用信息；具有数字化生存能力，主动适应“互联网＋”等社会信息化发展趋势；具有网络伦理道德与信息安全意识等。只有进一步革新观念，才能真正打造有效的信息化课堂，真正让学会学习、自主发展落地生根。

（二）从整体课堂模式打造转入学科特色建设，提升学生学科素养

信息化课堂改革探索起步伊始，会有相对固化的教学组织形式，即所谓“模式”之说。当下，我校绝大多数老师已能熟练运用教学云平台开展教学活动，教学模式初步形成。下一阶段，自是进一步探索具有学科特色的信息化课堂，实现信息技术与学科教学的深层次整合，充分发挥其作为资料来源、学习工具与交流平台的巨大作用，在整体优化的基础上变革传统课堂教学模式，以达到培养学生创新精神与实践能力的目的，真正将信息化与学科素养紧密结合，成为助推学生成长的利器。

（三）以信息化课堂建设为基石，创新学生个性化培养举措

教学云平台的创建，信息化课堂的打造，本质上为学生开启了更具个性化的学习之路。信息化课堂的即时反馈、数据支撑为学生自我定向、自我适应、自我修正、自我规划与自我监控提供了路径，为学生找到更加适合自己学习、发展的个性化道路提供了可能性。学校也会以此为基础，充分发掘学生潜能，创新学生个性化培养举措。例如，伴随着学校信息化课堂建设发展起来的机器人社团，从无到有，从有到优，培养了一批有兴趣、有能力的学生，在各级各类比赛中成绩优异，为学生开启了另一条成长成才之路，影响深远。

（四）信息技术在学生“自主管理＋责任教育”培养中的应用

自主管理与责任教育是学校德育课程体系中的两条主线，将信息技术手段与德育工作相结合，提升工作效能，也是当下着力探索的课题。例如，在学习小组建设与培养中，在“定邦”云平台中引入评价体系，组织学生定期开展自评与互评，为优秀学习小组评选提供数据支撑，在此活动中提升学生责任意识，增强自主管理的能力。

罗定邦中学信息技术深度融合的“1＋1主体建构”课堂教学改革业已成为顺德教育的一张课改名片，这是罗中师生的荣耀，更是一份责任。罗中人将一如既往秉承“勤奋、求实、和谐、创新”的校训精神，扎实工作，锐意进取，继续深化教改，打造更有效、更自主、更受师生欢迎的课堂，让优良的质量、优秀的学生、优雅的教师、优美的校园在罗中落地生根，共同创建“学生向往、教师幸福、家长满意、社会认可”的优质品牌高中，为每一位学生的成长成才搭建更为广阔的优质平台。

附　录

基于学区教育共同体的区域联合教研课堂教学改革实践研究

——均安镇区域联合教研和课堂教学改革工作报告

单位：均安镇教育局　　执笔人：李锡杰　刁小东　曾晓珍　黄婉珊

摘　要：均安镇于2016年开展学区教育共同体试点改革，按照“理念共同、九年一贯、学区一体、家校共育、特色发展”的建设思路，在课堂教学和教研科研这一块，基于学区教育共同体的架构，以“学区教研一体化”为主要形式，以“学区课程、初小衔接、课堂教学节、小课题研究”等项目为重要支撑，不断丰实区域联合教研和课堂教学改革的形式与内容，实现全镇教学质量的整体提升，并长期保持高位优质均衡发展。

关键词：学区教育共同体　学区教研一体化　学区课程　联合教研课堂教学节

一、基本情况

（一）背景缘由

十多年来，均安镇党委政府秉承教育优先发展战略，大手笔投入学校建设，对老旧小的学校进行集约建设，率先在全区完成了薄弱学校的改造，现全镇校舍布局合理，各类教育协调发展，现有小学8所，初中2所，高中1所，职业技术学校1所，幼儿园14所，先后获得广东省“教育强镇”、顺德区“教育工作先进镇”、“全国规范化家长学校实验区”等称号，教育已成为均安的一张新名片，走出了一条具有示范意义的教育现代化发展之路。

2012 年，均安镇抓住率先完成学校集约建设的契机，将义务教育阶段的 2 所初中和 8 所小学按“1 所初中 +4 所小学”的模式，建成东、西两个“教育共同体”。经过几年的建设，“教育共同体”改变了全镇义务教育阶段学校管理的框架，建成了九年一贯式发展的机制，大幅提升了均安教育发展的软实力，被中国教育学会副会长田京生教授、北京教育学院原院长李方教授，以及华南师范大学张俊洪教授、梁永丰教授等专家称为顺德教育改革的“原创性经验”，为顺德城市化进程中农村教育转型为现代教育提供了实践典型。

2016 年，顺德区进一步全面深化教育综合改革，均安镇被选为学区制试点改革的三个镇街之一。我镇以“教育共同体”为蓝本，在此基础上成立东、西两个“学区教育共同体”，成立“学区管理委员会”，制定学区章程，在学区教育共同体日常运作上开展共建共创，在改革目标上追求共享共赢，实现了均安教育高质量发展的目标，成为全区学区制试点改革的样板。

（二）推进思路

区域教研是提升教师教学水平、缩小教学差距、优化教育资源的重要举措。学区教育共同体是均安镇推进区域联合教研和课堂教学改革的主要依托，基于学区教育共同体建设，按照“理念共同、九年一贯、学区一体、家校共育、特色发展”的建设思路，在开展教学教研和课堂教学改革这一块，以学区内五所学校为区域联合开展教科研活动，以“学区教研一体化”作为主要形式，以“学区课程、初小衔接、课堂教学节、小课题研究”等项目为重要支撑，不断丰实区域联合教研和课堂教学改革的形式与内容，为教师的专业发展提供专业引领、校际联动、成果交流、资源共享的机会，弥补单一教研形式的不足，促进青年、骨干教师的研究式成长，促进学校之间的合作与交流，从而保持教学质量的高位运行，实现互利共赢、均衡发展。

（三）开展情况

区（镇）域教研针对学区学校、教师在教育、教学理念上的困惑以及在校内课堂教学实践和校本教研中遇到的问题进行合作研究与探索，通过构建平台、厘清理念、架构框架、教研一体化以及多样、富有成效的教研活动引领教师发展，促进教育交流，实现学校教育的优质均衡发展。

1. 成立“学区教育共同体”。2016 年，均安镇依托“教育共同体”建设的成果与经验，按照顺德区学区制试点改革的要求建成东片、西片两个“学区教育共同体”，开展义务教育阶段九年一贯、学区一体式发展路径的探索。

2. 确立共同的理念。“学区教育共同体”以“理念共同、九年一贯、学区一体、家校共育、特色发展”为建设思路。“理念共同”就是五所学校提炼出符合本共同体现状和需要的办学理念。其中，东学区教育共同体确立了“阳光教育”的理念，倡导师生具有“开朗乐观、和谐进取”的精神，以“阳光学生、阳光教师、阳光课堂、阳光文化”的标准来统领并指引各校开展工作；西学区教育共同体确立了“双才教育”的理念，借助均安镇历史名人李文田、李小龙“一文一武”的精神，倡导既重视文化学习又重视身体健康的教育，致力于培养“文武兼修、德才兼备”的学生。“九年一贯”就是在德育、教学、体艺等方面制定九年一以贯之的制度，形成一个教育的整体。“学区一体”就是推进学区教研一体化和学区课程系列化，解决单个学校不能解决的教育教学难题。“家校共育”就是以学区为单位，推进“规范化家长学校”建设，合力营造良好的区域教育生态。“特色发展”就是在强调学区共同发展的同时，也不妨碍学校的个性化发展，推进“一校一（多）品”特色建设，为学生发展提供丰富的项目，形成“全面普及、初中社团衔接、高中专业训练”的学生特长可持续培养机制，让学校在共性中发展个性，在个性中完善共性。

3．制定有效的运作框架。在具体运作上，东、西学区教育共同体确立了“协商一致、独立执行”的原则，建立“一核心三系统若干课程”的运作框架，成立学区委和德育、教学专责小组，每月分别召开一次例会，协调学区事务和活动。“一核心”是指学区制下的小初九年一贯式可持续发展机制；“三系统”即建立品德心理系统、课程教学系统、个性特长发展系统；“若干课程”即以学区课程的形式开展系列教育活动。

4．落实学区教研一体化。“学区教研一体化”是均安镇落实区域联合的主要形式，其核心内容有两个，一是构建“初小纵向教研一体化”，借助学区领头羊即两所初中的教学管理经验去对小学的教学管理与学科教学进行视导；二是构建“小学横向同级同科大学科组”，由学区内四所小学每个年级的语数英学科各派出 1 名骨干教师组成大学科组，进行集体备课，备课成果学区内所有教师共享。

5．举办高质量的课改活动。为提升学区教育教学质量，均安镇借助学区制模式举办多项高水平的教科研活动，包括：连续三年举办“课堂教学节”，集中力量聚焦于课堂教学改革，建成初小之间和校与校之间开展教研的机制，在课改理念上形成共识；举办学校课程体系建设研讨会，指导学校制定学校课程体系框架，以实现培养阳光学生、双才学生的培养目标；组建第二期 13 个教师工作室，在工作室中推行“青年教师研究式成长模式”的研究，借助学区的力量让教师更快地成长。

二、 经验和做法

均安镇基于学区教育共同体进行的区域联合教研和课堂教学改革的主要开展形式是“学区教研一体化”，辅以“学区课程研发、初小教学衔接、课堂教学节展示、课题研究引领”等项目，聚焦于课堂教学改革，形成完善的区域联合教研机制，解决了单个学校无法解决的教学教研难题。

（一）主要形式：学区教研一体化

“学区教研一体化”是学区教育共同体开展教学教研活动的主要形式，主要以两种形式进行：一是“初小纵向教研一体化”；二是“小学横向同级同科大学科组教研一体化”。

“初小纵向教研一体化”，就是学区内的初中与小学共同进行的教学管理与学科研究，目的是推进初小衔接、九年一贯式发展，具体负责三方面的任务：一是开展教学视导，由学区委的教学教研领导小组负责，充分发挥东学区建安中学、西学区文田中学在教学管理与学科研究上的领头羊作用，对小学的教学常规管理和学科教学进行专项视导，规范小学的教学教研管理行为，引导小学朝着初中需要的核心素养去培养学生；二是开展初小衔接教研活动，围绕语文、数学、英语三大学科，探讨学科核心能力培养和学习习惯养成问题，让小学、初中的学科教师形成教学共识，实现学科上的九年一贯式发展；三是统筹学区内四所小学进行同步质量检测与分析，找出教学过程中的共性问题并及时提出解决之道。

“小学横向同级同科大学科组教研一体化”，就是学区内的四所小学之间进行教学教研活动，即由学区内四所小学的每个年级、每个学科各派出 1 名骨干教师组成的学科组，由他们来引领开展学科教研活动。大学科组主要承担集体备课、专题教研、同步质量检测与分析等任务，实现学区内小学教学资源的共建共创，达至共享共赢，最大限度地解决了学区内四所小学同级同科教师少、集体备课难进行、备课质量参差不齐、学生作业负担过重等长期困扰小学一线教师的问题，实现同级同科教学计划、教学设计、教学检测分析的同步化。

“学区教研一体化”在具体操作时，按“清单化、项目式、责任制”的模式进行：

教学视导清单化。由东、西学区的教学领导小组负责组织，制定具体的视导方案。视导不是工作检查，而是通过视导，对小学的教务管理、科组建设、教研过程等提出具体的意见，形成规律性的工作清单，建立教学管理的新常态，让小学教学朝着初中需要的方向发展。例如，东学区对学科组建设进行专项视导时，视导组列出学科组的工作清单，指导学科组组长如何落实，注意哪些关键节点，出现问题怎么解决，使学科组成为学科教学质量的重要阵地。视导时，学区内五所学校的教学行政、学科组长都一齐参加，既是视导者，也是学习者，在视导中提升学科组建设的水平。

初小衔接项目式。初小衔接不只是六年级与七年级的简单对接，而是小学阶段和初中阶段在办学理念、学习习惯、道德品质、个性特长、学科教学、特色项目等方面的“长衔短接”。在办学理念上，东学区在落实“阳光教育”理念时，制定了阳光学生、阳光课堂、阳光文化的标准，让学区内的学校都可以具体操作落实，贯彻到日常的管理当中，这就是教育理念上的“长衔”；在学科教学上，强化对语、数、英三科学习习惯的培养，持续培养学生的阅读能力、运算能力和口语能力，这就是学科素养上的“长衔”；在道德品质培养上，学区德育领导小组主要做好生活习惯的培养，通过家校共育平台，在学区内形成良好的教育生态，这是德育上的“长衔”。“短接”则是重点做好六年级与七年级的衔接。不论是“长衔”还是“短接”，均采取专题项目的形式进行，着力于解决共同的问题，不扰乱各学校、各学段正常的教育教学秩序。

大学科组责任制。学区内四所小学的同级同科大学科组建设是推进区域联合教研的主要形式，具体操作分五步：第一步是组建同级同学科的教研骨干小组，以语、数、英三科为主，学区内的四所小学每级每科选出 1 名学科骨干教师组成 4 人学科组，这 4 人同时担任各自学校年级的学科备课组长，他们 4 人直接对整个学区本年级的学科教学质量负总责；第二步是制定同步教研进度计划，学科骨干小组制定统一的学科教研工作计划，将一学期的备课任务分解到每个成员身上，每个成员要负责编写教案、练习、试卷和制作课件等工作任务；第三步是统一学科备课模式，大学科组每周进行一次集体教研活动，时间为半天，主要是对各成员备出来的教案、课件、练习、作业、试卷等教学内容进行研讨修改，确定之后通过教育 OA 分发到各校的教务处和学科组；第四步是各校开展二次备课，由大学科组的 4 位成员分别组织本校的学科教师进行二次备课，对同级同科教师进行教材分析、重难点讲解、教学方法讲授、课件使用说明等，任课教师结合自己的喜好、能力、设想和班级学情进行适当的增删修改，确定自己最终用于上课的教案、课件、练习、作业等；第五步是由各小学的教务处、学科组进行监督，既监督学区大学科组第一次备课和本校备课组第二次备课的情况，确保两次备课的质量，又监督教师上课使用大学科组备课材料的情况，确保教师在具体使用过程中模式不走样，内容不打折扣。

“学区教研一体化”以区、镇骨干教师和各校备课组组长为核心，以课堂为立足点，以集体备课、小初衔接为导引，以学区视导和主题教研为载体的教研思路，打破了单个学校之间和初小之间割裂的不利局面，能够充分发挥出学区九年一贯式管理的优势，发挥出学区内五校学科骨干教师的引领作用，能够最大限度地保证学科教学的方向正确、内容准确、训练精确，解决了单个学校在教学管理上无法解决的难题，并能逐步培养出一批在学科教研上具有较高学术水平的骨干教师，实现了学区内五校教学质量均衡、优质、高效、持续增长的目标，达到共建教学管理新秩序、共创教研新内容、共享优质教学资源、实现校校共赢的效果。

（二）重要支撑：学区课程研发

区域联合教研不只限于搞教研活动，而是基于学区教育共同体进行的学科教研、德育教研、学区课程、教师培养等的综合教研活动，其中借助学区内骨干教师的力量开发出成序列、可共享的学区课程是区域联合教研的一项重要任务，现已开发出四类课程：

学科专题课程。东、西学区组织学区内的学科骨干教师开发学科专题课程，解决学科教学中需要小初统一协调的内容，以及需要长期培养的习惯与能力。均安镇教育局制定出《均安镇学区特色课程建设方案》，全面规划学区的课程建设，该方案已获得广东省特色课程方案一等奖，并入选了广东省课程方案成果集。目前，语文、数学、英语等学科的特色课程建设已经基本成形。其中，语文学科针对名著阅读难落实的问题，编写出《名著导学设计》，解决四至九年级名著阅读教学的问题；英语学科针对口语教学的问题，编写出适用于六、七年级衔接的《口语课程》；数学科详细梳理小学、初中的数学知识点，整理编写《数学知识点链接》；等等。

德育序列化课程。学区德育工作领导组结合学生成长的需要，开发德育序列化课程，如东学区开发出来的《生涯规划，从阳光德育开始（上下册）》，对东学区的阳光德育建设起到了重要作用。

体艺特色项目课程。均安镇一直推行“一校一（多）品”建设，各校的特色项目建设成效显著。在学区建设过程中，怎样将这些特色项目九年一贯式发展是大家共同关心的问题，为此，东、西学区委着力开发出特色项目课程，目前已开发出 30 多本有关武术、书法、器乐、球类等的学区特色项目教材，对促进学区特色发展起到了重要作用，形成了“小学全面普及、初中社团衔接、高中专业学习”的机制。

家长学校课程。均安镇是“全国规范化家长学校实验区”建设的先行镇，各校全面把家长请进学校来上课，认认真真地让家长学习家庭教育的知识与方法，扎扎实实地转变家庭教育观念。为了上好家教课，东、西学区合力开发出了《均安镇家长学校教案汇编》，让各校的家长学校作为教材进行授课时使用。

（三）集中展示：课堂教学节

区域联合教研的重要目的是借助集体的力量整体提升课堂教学质量，均安镇基于学区教育共同体而进行的区域联合教研模式，着力聚焦于课堂教学改革，举办“课堂教学节”活动，就是落实课改的一个重要举措。课堂教学节每年举办一届，每年均有主题，第一届的主题为“聚焦课堂教学改革，高效提升教学质量”，第二届为“打造高质量课堂，展示高效率培优”，第三届为“模型与范式：建构学科课堂模型，探索专题教学范式”。

“课堂教学节”秉持“实用、高效、创新”的原则设计方案，规范教学常规与开展教学诊断相结合，常态教研与教学比武相结合，打造高水平课堂与培养学科标杆教师相结合，学区教研一体化与学校教研活动相结合，区、镇、校三级课堂教研活动相结合，全员行动，全学科参与，让中小学的课堂教学改革“有主题、有项目、有深度、有实效、有特色”。“课堂教学节”主要分“教学诊断、课案竞赛、优课展示”三个阶段进行。

“课堂诊断”就是各学校邀请专家教授、一线名师，与学区教学视导结合起来，对学校所有教师、所有学科的课堂教学情况进行诊断，梳理提炼出优点进行推广，整理发现出不足并制定措施加以改正。

“课案竞赛”就是在东、西学区的指导下，与“年度教师”评比候选人选拔和区镇的教师基本功能力竞赛结合起来，由特聘教研员组织开展学科教学能力竞赛，包括课堂教学设计比赛、课堂实操比赛、教学基本功比赛等内容，让教师在课堂教学竞赛中脱颖而出。

“优课展示”是“课堂教学节”的高潮，其中第一、二节进行优课展示，包括骨干教师示范课、名师培优指导课、青年教师研讨课等课型，每届开设优质课 30 多节；第三节进行评课，第四节是专家讲座。

当前，“课堂教学节”已经成为均安镇集中展示均安学科课改成果的窗口，成为全镇骨干教师、青年教师专业成长的平台，成为课堂改革新思维的发生地，是均安镇区域联合教研模式的重要支撑项目。

（四）课题引领：青年教师研究式成长

区域联合教研与学校校本教研的区别在于，要借助于区域内的骨干教师力量，开展高水平、引领性的教研活动。均安镇在推进区域联合教研活动的思路上，着重于学科专题性的研究，着重于青年教师和骨干教师的培养，着重于前瞻性的课改理念探索。在具体开展教研活动时，主要以三种方式进行：

以教师工作室为研究载体。均安镇于 2019 年组建了 13 个教师工作室，其中镇级工作室 1 个，学区工作室 2 个，学校工作室 10 个。工作室的主持人以校长或名师为主，主要参与人员为青年教师，主要的工作模式为“青年教师研究式成长模式”，引领青年教师强化对学科的研究。

以课例研究和课堂观察为研究手段。为改变传统的教研活动主题不清、听课目的不明、评课流于形式的毛病，在开展区域联合教研时，主要以“课例研究”的形式进行，要求每个学科每学期开展学区教研活动时，要完整地按课例研究的要求开展，确保每次教研高效实用。在听课时，全体教师要进行“课堂观察”，每人均有明确的观察任务，评课时要按观察所得发言，杜绝无的放矢的粗浅评课活动。

以课题立项研究为成果范式。以小课题为引领促进青年教师成长，主要进行“四个一”活动，即教师每学年确定一个小课题后，围绕小课题“读一些相应的论文或论著，上一堂示范课，作一个专题讲座，写一篇论文”，边教边学边研，有力地促进青年教师的学科专业能力成长。目前，均安镇“教师人人有课题”的要求得到较好的落实，制定了《均安镇小课题管理方案》，实行小课题登记管理制度，现有区级以上立项小课 37 项，一批（42 项）小课题在区级以上结题，部分已获奖。

三、成果和影响

均安镇基于学区教育共同体的区域联合教研实践探索，既有力地支撑着学区教育共同体的建设，也大幅提升着全镇的教学质量，具体的成果、成效与影响如下：

（一）学术成果丰硕

出版了《教育共同体建设的均安实践》《学区制试点改革的均安经验》两本成果集，主要做法与经验已经收录进顺德区教育综合改革课题成果集《顺德研究》《顺德案例》《顺德故事》等书中；教育共同体课题被评为顺德区教育科研"十二五"重点课题，其中，"通过'教育共同体'建设，实现镇域内教育均衡优质发展的实践研究"课题成果获得顺德区一等奖、佛山市二等奖；《均安镇学区教育共同体特色课程建设方案》获广东省中小学特色课程建设方案评选一等奖；《均安镇"1+4"学区教育共同体教学改革成果报告》获佛山市中小学教学改革成果一等奖。

（二）质量提升显著

推行"学区教育共同体"建设以来，均安镇的教育教学质量实现了质的飞跃。在此之前，均安镇的教学质量在全区相对滞后，中考成绩排在全区倒数，成为镇域教育发展的瓶颈。推行学区教育共同体管理之后，均安镇两所初中的中考质量近五年来均位居全区前列，其中，建安中学的中考成绩排在全区公办初中首位，得到区、市和省内教育同行的充分肯定，建安中学、文田中学双双获得顺德区教学质量"卓越奖"。一连串的成绩证明，学区教育共同体建设促进了全镇中小学教育教学质量的整体提升，其改革的创新举措为顺德区的集团化办学、学区制改革提供了鲜活的、可操作的经验。

（三）项目影响深远

均安基于教育共同体的区域教研是学校之间协同合作、互相开放、共谋发展的一种教研模式。近几年来，先后有香港、广州、东莞、佛山等地五十多批次的人员到均安镇考察学习，均安镇也到广东省校长论坛、集团化办学论坛等介绍经验，或送教到罗定、韶关等地，成为顺德镇街教育中崛起的一匹黑马。2018 年，《顺德教育》杂志以《均安专刊：区域教育改革的探索与示范》为题介绍了均安改革的经验，向区内外推广。

四、思考和展望

均安镇基于学区教育共同体的区域联合教研实践探索是顺德区推广区域联合教研精神指导下进行的一种探索。在实践过程中，我们有如下一些思考：

要有可遵循的理念。在学区制建设过程中，我镇以"理念共同"作为纽带，将学区内五校凝结成一个整体。东学区的"阳光教育"理念和西学区的"双才教育"理念，均已在学区内的初中、小学形成了高度共识，制定出了行动标准，成为学区内五校共同遵守的教育教学行为准则。

要有可操作的模式。在区域联合教研活动中，我镇重点推进"学区教研一体化"，东学区参照建安中学、西学区参照文田中学的成功经验，优化小学的教学管理，提高了教学效率；在小学同级同科大学组集体备课的时候，在教学设计、练习设计、质量检测与分析上达成了共识，统一了格式，让四校的教师操作起来能够驾轻就熟，提高了效率。

要有可共享的利益。强扭的瓜不甜，学区教研一体化不是把不同的学校强扭在一起，为了学区而学区，为了集团而集团；而是在学区内，一线的学科教师均能从中受益，能解决单个学校不能解决的教学难题，对一线学科教师的帮助是实在的、持久的、高效的。

要有可持续的评价。评价是学区教研一体化成功与否的关键，我镇改革评价导向，对学校的评价，由评价单个学校的质量转变为评价学区整体发展水平，一荣俱荣，抱团发展；对校长、骨干教师的评价，也着重其在学区建设中发挥的作用，在评优评先、职称职务晋升、绩效奖励时，优先评选在学区教研一体化过程中能够起引领作用的校长与教师。因为评价的是学区，学区内的学校不再以邻为壑，教师之间也不再互为壁垒，均能以开放合作的心态积极参与到学科教研工作中来，达到了“1 +4 大于5”的效果。

顺德区开展区域联合教研工作实施方案

为贯彻落实区委区政府关于全面深化我区教育综合改革的工作意见，根据《关于全面推进区域教研改革发展工作的指导意见》（顺教〔2017〕63号）文件精神，推动实现我区“树立标杆，面向广深，打造珠三角教育高地”的教育发展目标，充分发挥区教育发展中心在区域联合教研工作中的研究、指导和服务的功能，健全片区、镇街教育部门和中小学教研工作机制，切实强化教研工作在教育发展中的引领作用，确保区域联合教研工作有效开展，特制定本实施方案。

一、贯彻指导思想，明确工作目标

围绕我区“树立标杆，面向广深，打造珠三角教育高地”的教育发展目标，以改革完善教研机制为突破口，以进一步加强教研队伍建设为抓手，构建全新的教研工作格局，全面提升我区教研水平。

构建“区—镇—校”一体化的教研网络和工作体系，进一步明晰区教育发展中心、镇（街道）和各学校在教研工作中的职责和任务，努力实现各级教研工作由“被动型向主动型”“事务型向研究型”“分散型向联合型”的三大转变。探索构建区级教研为核心引领，镇（街道）、学校教研协同的区域联合教研体系，强化目标管理，以课题研究和项目实施为导向，促进教研带动教学，分层研究、成果共享，实现“全区教研、全面教研、全员教研”的区域联合教研发展战略，全面推动我区教育教学质量的整体提升。

区教育发展中心要完善人员配置和工作机制的建设，以提升教育质量为主要目标，科学调配资源，确保落实各项教研工作计划；北部教育部门和各镇街要进一步重视教研工作，树立本区域教研工作发展目标，组织和指导好本区域的教研工作；各学校要切实把教研工作作为提升学校内涵发展的主要动力，制定和实施好学校教研工作目标和各项计划。

二、健全教研工作领导机构

根据全区教研工作的需要，进一步健全我区区域教研改革发展工作领导小组，加强统筹教研改革发展工作。领导小组下设办公室，办公室设在区教育发展中心，办公室主任由区教育发展中心主任张毅兼任，负责教研改革发展的日常工作。

北部片区教育部门、各镇街要进一步建立完善教研工作领导机构，加强镇教研室的建设，配备充足的教研力量，切实有效地组织本辖区的教研工作。各学校要普遍建立教研工作领导组，一般由校长担任组长，健全教研队伍，实施对教研工作的最有效管理。

三、全面推进各项教研工作

（一）构建区域一体化教研工作运作机制

按照区域一休化教研工作目标，建设“区—镇—校”三级一体化教研工作运作机制，形成全区“大教研”格局。

初步设想实施“一心、两翼、三级”的一体化战略：

“一心”是指区教育发展中心。强化中心的全区教研工作统筹组织实施作用，做好全区教学教研教改的研究和指导工作，对镇（街道）和学校教研工作进行专业指导，加强对教研队伍的专业引领。

“两翼”是区域教研工作的两个功能。教研工作要进一步贯彻落实上级教研工作的部署，并结合本地实际，推进落实教研教改工作。一方面把教学实践的创新发展总结上升为科学理论成果，另一方面要把教研成果进一步落实到学校一线的教学活动当中，实现教研工作的“两翼”齐飞，以研究推动教研，以教研促进教学。

“三级”是指“区教育发展中心—镇（街道）教育局—各中小学校”三级教研工作架构运作的一体化。其中，区教育发展中心将充分发挥其在学科教研的研究、指导、服务作用；片区、镇（街道）教育局以及教研室配合区整体教研工作的要求，积极主动参与区级教研教改活动，并结合本地校本教研中的主要问题，统筹开展镇（街道）教研工作；中小学校是教研教改工作的主阵地，其全体学科教师是区域教研的基础力量，各校在贯彻落实上级教研工作整体计划任务的基础上，应以主动积极的态度开展校本教研。区教育发展中心要立足为基层服务、为学校服务的精神，通过机制创新、课题和项目引领以及队伍建设，为一线教学服务，从而实现全区教研工作一体化的工作目标。

"三级"架构图如附图 1 所示：

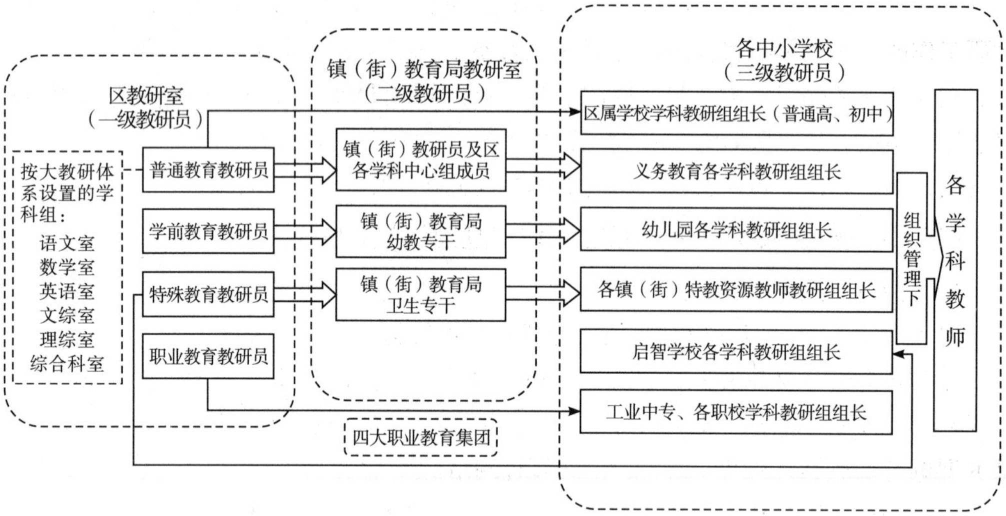

附图 1　顺德区"大教研"网络框架结构图

（二）搭建区域教研信息与教研资源共享平台

围绕全区教育发展的中心任务和学校发展需要，借力全区教育大数据建设，推进信息技术对教研教改的提升发展。由区教育发展中心电教室负责搭建集组织实时交流、教研教学直播、信息与资源共享等功能的大教研工作平台。整合和优化全区教研资源的布局、配置和使用，切实做好区级和镇街、学校各层面的教研工作任务，推进区域联合教研、移动教研和智能化，实现教研工作的常态化、信息化、移动化和精准化。

1. 信息共享平台。

充分利用大数据和信息网络技术的发展优势，在教研信息、教研资源和教研成果等方面，打造一个全区教研信息共享的平台，强化全区教研信息的共享机制。开通"顺德教研"微信公众号，及时发布教研信息和分享教研成果。这个平台建立后，"区教育发展中心—镇街教育局—学校"三级将在线共享这个平台，该平台将会极大地提高全区教研力量的集聚和交流，极大促进全区教研的发展提升。

2. 教研资源共享平台。

树立全区教研一盘棋的思想，充分发挥全区教研的整体力量，围绕全区的重点课题和任务，突出学校教研工作的创新提质要求，在做好常规教研工作同时，适当而灵活地统筹各层级的教研力量，围绕重点项目组织重点攻关，提高全区教研工作的成效。为此，要加快全区教研资源平台建设，构建名师资源共享机制，建立重大课题的多方参与机制，完善教研成果的推广共享机制等，进一步提高教研资源使用效能的最大化。

3．网络移动教研平台。

充分运用教育技术、“互联网＋”和物联网技术，改变传统的教研方式方法，提高教研工作的针对性和时效性。充分利用大数据、人工智能和移动互联技术，对教研对象、教育教学的热点、难点与关键问题展开技术应用和技术攻关，在高考中考教学策略、质量检测评价、教师专业发展、学生核心素养提升等普遍性、利害性工作领域有所突破，高效教研、精准教研取得实质性的改进和提升。

（三）完善教研课题、教研项目和教研基地的管理机制。

1．完善课题管理机制。

（1）建立“区—镇—校”三级课题科学管理机制。

以区教育综合改革为方向，以区教研课题及经费资助为抓手，以区教研队伍为专业引领，以促进教育教学质量提升为目的，建立区、镇（街道）、校三级分层和上下互动的课题管理机制，构建三级科研工作管理网络。

三级分层的原则是：

①区级研究课题。区教育发展中心根据全区教育发展的要求和重点任务设立的区级研究课题。

②镇级研究课题。片区、各镇（街道）在教育发展和教学管理、区域教学改革创新过程中，设立的具有领先和推广价值的区域性研究课题。

③校级研究课题。全区各中小学在教研教改工作中有创新意义或有重要特色，对提升教育质量有较大作用的校本课题。

上下互动的管理机制是：

①全区教研课题纳入教育发展中心统筹管理，按规范评审申报；按照顺德区教育局关于课题管理有关文件精神，对符合条件的研究课题实施课题资助。

②片区、各镇和各学校在教研工作中具有普遍性和引领性的课题，经过优选可以纳入区级研究课题范围，获得区的支持；对片区、镇和学校有重大价值的课题，区可以组织跨级联合教研。教育发展中心教研员主动积极参与片区、镇和学校的课题研究。

（2）制定课题发展规划及工作指南。

根据大教研体系宏观规划和区“十三五”教育科研发展规划，制定年度课题发展规划和课题选题指南。建立重大课题研究的攻关机制，关注与聚焦课堂教学改革、考试评价、教育教学质量提升、集团化办学等教育改革与发展的重点、热点和难点问题，组织多方联合参与区级重大课题研究，切实解决教育教学中的疑难问题，推进教育改革向纵深发展，发挥好区教育科研课题管理办法的杠杆作用。

（3）做好课题研究过程跟踪及评价。

充分利用顺德区教育科研管理平台，规范课题管理，加强对各级各类课题的管理与服务，实施统筹指导、分级管理，抓好课题研究过程管理，监控课题研究进程及进度，落实教育科研经费使用情况，开展课题开题、中期检查及结题工作。

（4）做好课题考核验收及推广。

组织专家团队开展对科研课题的考核，分学科组织验收。加强教育科研成果推广与转化工作。大力开展对内、对外科研成果交流会。

2. 推进教研项目和基地建设。

（1）推进学科建设和教学改革项目。

以学科建设和教学改革为主攻方向，收集和设定一批涉及全区带有普遍性的教学教改项目，制定学科建设规划，探索核心素养培养方式，积极推进和扩大课堂教学改革范围，广泛利用省内外优质教学教研资源，更好地实施学科教研工作，推动教育教学质量的有效提高。区教育发展中心做好有关项目的筛选和组织研究工作。

加强学科教学教研团队建设，瞄准新高考，深化普通高中课程改革和教学改革，积极主动开展教育教学重点问题研究，研究高考，研究有效课堂，在实践探索中破解学科教学难题。力求学科教师专业素质有快速提升，教育教学水平有较大提高，学科教学研究有重要突破，使学校合作共同体成员在学科内发挥示范、带头和辐射作用，形成名优教师群体效应。区教育发展中心将做好有关组织统筹工作。

（2）建设重点课程基地。

培育一批能引领全区课程建设的课程基地，通过深化课程改革的典型案例，实现以点带面，促进区域联合教研。通过学校申报、择优选定、精心培育、成果推广等多个环节，建设一批重点课程基地。各课程基地要构建优质课程资源，在全区内共享资源，同时带动校内其他学科建设，全面推进我区的课程建设。

在课程基地培育过程中，要创新人才培养机制，以研究项目为依托，把课程基地建设成为创新拔尖后备人才培养基地。同时，基地也将成为区域教师发展培养的重要阵地，带动区域学科建设水平的整体提高，以课程基地为依托，推动校本课程建设，构建特色校本课程。

（3）建设学科竞赛基地。

规划和建设一批学科竞赛基地，推进学校特色办学，营造“竞赛促发展，竞赛成特色”的良好局面，从而促进全区教育走向多元特色发展。举办学科竞赛，通过竞赛活动提高教师业务能力和学生综合素养，逐步打造一支业务精湛的优秀教师队伍，培养一批尖子学生和优秀学生，为学生多元发展和多元成才创造条件。各学科竞赛基地要构建竞赛课程体系，构建优质课程资源，在全区内共享资源，全面推进我区的竞赛课程建设，把学科竞赛课程基地建设成为创新拔尖人才的培养基地。

（4）建立教学实验基地学校。

建设一批区教学实验基地学校，制定有关建设实施方案和管理办法，创新和改革教学方式，培育优秀教育教学成果，促进优秀教育研究成果向实践转化，推广成功做法和先进经验，充分发挥有关学校在基础教育研究和教育教学创新中的示范、辐射与带动作用。

（四）积极扎实地开展各级教研活动

1．切实保障各级教研活动的落实。

各单位要保障各级教研活动的时间安排，一级教研活动要按照教研室下发的活动总计划和各学科制定的学科计划切实执行；各学科一级教研活动一个月一次，二级教研活动每学期不少于2次，三级教研活动每周至少一次（不少于半天）。

各单位要贯彻区教研室《区域教研协作体活动指南》，强调教研活动开展的“四性”，即主题的鲜明性、活动的序列性、流程的周密性和学研的实效性，规定每次活动做到“五个一”，即一份书面通知、一个活动方案、一套过程资料、一份反思总结、一篇通讯稿件，以保证教研活动的成效。

2．加强教研工作的分级分类指导。

充分发挥区教研室及学科中心组、镇（街道）教育局和教研室、学校教研组的作用，对重点中学、一般完全中学、初级中学、薄弱学校、特色学校进行分级分类指导，“树立典型、以点带面、中心辐射、网络带动”将成为我区开展教研工作的主要模式。

3．抓好学校学科组建设。

在全区切实推行“集体备课”的教研制度。教研室要指导和督促学校落实常规教研活动的开展，积极推行区域教研下的“集体备课”，规定教研活动的主题、内容、时间安排、具体措施、评价机制等。每学年进行优秀学科组、优秀学科组组长、优秀备课组组长的评比。

四、建设高素质的教研队伍

遵循人才发展与成长培养规律，以专项培训、课题引领、主题研修的多元系统培养方式，全面提升区、镇（街道）、校三级专、兼职教研员队伍的整体专业素质与服务水平，打造一支名优区域教研队伍，培养一批具有较大影响力的拔尖教研专家。

1．组建完善三级教研员队伍。

区级教研员：专职教研员由区教育发展中心各学科教研员组成；兼职教研员由区各学科中心组成员和备考指导小组成员组成。

镇（街道）级教研员（兼职教研员）：由各镇（街道）教研员以及镇（街道）学科中心组成员组成。

学校教研员（兼职教研员）：由各中小学校学科教研组组长（或骨干教师）组成，各校教研员岗位配置必须覆盖国家课程全部学科。

2．加强教研员队伍的管理和培养。

加强全区教研员的统筹管理。加强教研员队伍的培养和专业发展，尤其是加强基于学生核心素养的骨干教研员培训，加强教研员研究新高考的能力，提高教研及教研管理水平。

制定教研员的专业成长计划，做好教研人员的培养；积极展开与先进地区的教研交流，不断提升全区教研队伍的专业水平。

3. 促进教研队伍专业发展。

（1）构建三级教研员分级培养机制。

区教育发展中心统筹三级教研员培训组织与实施，负责区、镇两级教研员和学科中心教研组骨干教研员的培训，安排专项培训经费支持培训实施。各镇（街道）教育局负责所辖义务教育学校教研员培训（区属学校负责本校教研员培训），安排专项培训经费支持培训实施，确保学校教研员全员参训。

（2）开展各级各类专项培训。

骨干教研员专项培训。以教研员综合素质拓展培训为抓手，开展骨干教研员专项培训，推进大教研培训实施。培训对象包括区级教研员和镇（街道）级教研员、高中教研负责人、义务教育学段中心教研组骨干成员。

区级教研员新高考改革培训。以新高考改革培训拓展区级教研员综合素质和新视野，了解和掌握国内新高考改革新动态，把控全区新高考改革方向。培训对象包括区级高中教研员、各普通高中主抓教学的副校长、学校教务主任等。

区级教研员高考备考培训。以高考备考培训为抓手加强区级教研员专业素质提升，培训班对象包括区级高中教研员以及各普通高中高三级长、高三年级下级主管行政人员等。

（3）加强培训考核评价和成果分享。

区教育发展中心负责对区级培训项目进行考核评价，关注培训学习效果。各镇（街道）教育局负责所辖学校教研员全员培训考核评价（区属学校负责本校教研员培训考核评价），考核评价结果报送区教育发展中心。区、镇（街道）两级积极搭建培训成果分享平台，加强培训反思和经验提升，及时转化培训成果为促进教研教改的生产力。

五、 健全教研工作的保障机制

1. 制度保障。

区域联合教研工作需要具有前瞻性、科学合理的顶层设计。需要建立完善分级负责、多层互动、区域合作、政策支持的组织管理机制。区教育发展中心将邀请专家团队深化顶层设计及过程指导，制定一系列管理制度和配套文件，为全区教研改革发展提供制度保障，增强区域联合教研活动的计划性，提高实效性，形成长效运行机制，进一步发展完善充满生机活力的区域教研协作新机制。

2. 经费保障。

区教育发展中心将根据联合教研的要求申请区域教研专项经费，镇（街道）和学校要加大对教研的经费投入。对已有的区、镇和学校三级教研、科研、培训、竞赛和信息技术建设等各类教育专项经费进行统筹协调，科学分配，重点支持配合年度教研的重点工作任务。

六、加强教研工作的考核评价

科学的考核评价是推动联合教研的重要手段和有效动力。区域联合教研工作将纳入区教育局对镇街和学校的评价体系。对联合教研中表现优异、成果突出的集体和个人，区教育局将给予表彰和奖励。

区域联合教研工作是一项全新的事业，我们要扎实有序全面推进，实现区域教研的优势互补、成果共享，逐步形成具有顺德特色的联合教研文化。通过研究和建构区域教研文化，弘扬无私奉献教研事业的精神，树立教师的终身学习理念，倡导相互合作教研的意识，不断创新教研问题研究的方式，进一步以教研文化促进教师的专业发展，提升学校的教学质量，打造顺德教研品牌，促进顺德教育事业的发展。

顺德区教育发展中心

2017 年 10 月 16 日

顺德区三级教研员管理制度

一、总则

第一条 目标

构建“区—镇—校”一体化的教研网络和工作体系，进一步明晰区教育发展中心、镇（街道）和各学校在教研工作中的职责和任务，努力实现各级教研工作由“被动型向主动型”“事务型向研究型”“分散型向联合型”的三大转变。探索构建区级教研为核心引领，镇（街道）、学校教研协同的区域联合教研体系，强化目标管理，以课题研究和项目实施为导向，促进教研带动教学，分层研究、成果共享，实现“全区教研、全面教研、全员教研”的区域联合教研发展战略，全面推动我区教育教学质量的整体提升。

第二条 适用对象

顺德区教育系统内的专兼职教研员，包括一级教研员、二级教研员、三级教研员。

第三条 相关释义

1. 一级教研员。指顺德区教育发展中心各学科专职教研员，以及由区各学科中心组成员组成的兼职教研员。

2. 二级教研员。由各镇（街道）教研员以及镇（街道）学科中心组成员组成。各镇（街道）教研员岗位配置覆盖国家课程全部学科。

3. 三级教研员。由各中小学校学科教研组长组成，各校教研员岗位配置必须覆盖国家课程全部学科。

第四条 工作原则

1. 科学性原则。教研员的教研工作要遵循人的认知成长规律和教育教学规律，坚持理论与实践相结合，不断探索在课程、教材、教学、评价领域坚持立德树人、全面实施素质教育的新思想、新内容、新方法、新途径。

2. 规范性原则。教研员的教研工作的规划设计、组织实施、过程管理、绩效评估等，必须符合法律法规及教育部、省教育厅、佛山市、顺德区的有关政策文件和规章制度的要求，有组织、有目的、有计划地开展，始终遵守学术道德规范。

3. 服务性原则。教研员的教研工作，要为区、镇、校的相关决策和管理服务，为全区中小学的教育教学改革发展及研究服务。教研员要将优质资源和先进的教研教改理念及成果共享给全体教师，从上到下，以点带面，促进全区中小学教师教育思想和教学方式的进一步更新和提升发展。

4. 实效性原则。教研员的工作要做到有科学思想理论指导、有问题针对性、有实施设计与实践指导、有效果反馈与评估，注重学习借鉴省内外、国内外先进成果，注重总结推广区内先进经验，实现教育教学与研究紧密结合，不断提高教研工作实效。

二、职责任务

第五条　教研员队伍工作内容

1. 政策研究。研究党和国家有关教育的方针与政策，领会区委区政府有关教育的规划与决策，并全面贯彻和落实到学科教育教学当中；不断学习和更新教育教学理论，开展学科教育教学改革和发展研究，追踪和分析学科教育教学中的热点、难点和重点问题，为学科教育教学决策提供支持。

2. 教学研究。运用文献研究、实验研究和比较研究等方法，把握学科教育教学改革领域最新成果及其发展趋势；围绕学科教育教学中出现的新情况和新问题，开展以课题研究为主要形式的教育科研活动；组织教师开展课题研究，给予指导、支持和帮助，跟进研究成果的推广应用。

3. 教研活动。组织开展学科教研活动，为教师交流研讨搭建平台；积极引导教师树立正确的教育思想和教学观念，深入理解课程标准和教材内涵；做实学校基层备课组的校本教研；引领教师有效改进教学方法，不断优化教学环节，全面提高教学质量，提高教师教学水平。

4. 教学指导。深入学校、深入教师、深入课堂，全面了解教学情况，检测教学质量，研究指导教学，通过上示范课、作专题报告、结对帮扶、蹲点支教等方式，帮助教师提高教学业务能力，切实推进教学质量的提升。

5. 课改实践。吃透学科课程改革精神，结合实际制定课改实验方案，积极参与课改实践，当好课改的领路人；指导教师开展课改实践，转变教学思想和教学行为，调动学生主动学习，开发校本课程资源，创造性地实施国家课程；抓好课改实践调控和阶段总结工作，总结先进经验，推广优秀成果。

6. 师生发展。推进学科教研组建设，坚持“教研训”一体化原则，通过教师培训、教学比武、教学观摩、专题研究、学术交流、名师论坛等活动，造就一支高素质教师队伍；建立学生学科发展培养机制，通过研究性学习、实践活动、成果评选、学科竞赛等活动，培养学生个性特长，促进学生全面发展。

7. 教学评价。依据课程标准对学科教学进行质量监测，认真做好质量监测数据分析，撰写质量监测分析报告，召开质量监测研讨会，不断改进教学，提高教学质量。

8．资源整合。广泛采集、开发、整合教学资源，建立供基层教师使用的教学资源平台，通过组建学科教学资源建设队伍，拓宽教学资源开发渠道，不断丰富、更新教学资源。

9．教学管理。根据教育教学规范和要求，对学科课程落实情况进行有效监督，对教学用书选用进行有效指导，对学科教学全过程进行有效管理。

10．经验推广。指导教师总结教学经验，反思教学得失，提炼教学规律，形成教学思想，撰写教学论文，整理教学成果，打造教学特色，并以多种形式推广先进教学经验和成果。

11．工作协作。协同各部门、多单位开展整体工作，共同打造积极上进、充满正能量、具有创造与协作精神的精干团队，营造齐心干事的融洽氛围；负责管理各级学科组工作，按学科组工作职责要求，认真组织开展各项工作，按时完成各项工作任务。

第六条　一级教研员职责

一级教研员是“大教研”网络中的领导力量，负责区级学科教学教研教改的研究和指导工作。采取教材培训、课例引领、经验交流、座谈研讨、专题辅导、监测分析等形式，对镇（街）级教研教改骨干教师进行专业引领。

常规工作职责：

1．教学视导。

（1）参与佛山市教育局教研室针对顺德区内中小学开展的集体教学视导。

（2）参与顺德区教育发展中心组织的集体教学视导和学科个别针对性视导。

每学年覆盖全部高中学校，覆盖全部镇（街道）各至少 2 所小学，覆盖全部初中学校。每学期对 2～3 所学校（高中 1～2 所）进行跟踪式视导，主要就教学倾向性问题展开视导，每所学校跟踪视导不少于 3 次，每月保持与分管副校长联系；要安排好个人教学视导，每两周保证有 1 天时间下基层学校，下校视导一次至少听、评课 1 节，每学期至少有 12 个视导日。每次教学视导都要有记录，收集积累相关材料；在一个阶段视导完成后，撰写视导报告。

2．听课评课。

认真记录听课笔记，有过程性思考文字，在课后有认真的评析，每学期听课不少于 20 节；评课要尊重客观实际，广泛听取一线教师的意见，对教学亮点进行总结提炼，对存在的教学问题做好跟进研究。

3．组织活动。

教研活动有主题、准备充分、组织严密、有效果，每学期不少于 4 次。其中专题式教研活动、“教、研、训一体化”活动、全区公开课等学科教研活动，每学期不少于 2 次；每学年重点参与和指导“开创一个研究项目、建设一个示范教研组、培养一个课程基地、帮扶一个弱势科组、打造一节创新精品课”。

4．教师队伍建设。

每个教研员要开展本学段二级和三级教研员队伍建设，通过教师培训、教研活动等形式，引领二级和三级教研员的专业成长，并与之形成良好的合作关系。

5．教学科研。

每学年撰写1篇教研文章，反映学科课程改革前沿问题，符合教育教学规律，具有指导价值和创新意识；三年内至少主持一项课题研究，指导一位青年教师的课题研究，积极申报各级教育教学成果奖。

6．命制试题。

把握考试方向和命题特点，积极承担各类教学质量监测试题的命制，有命题思路和双向细目表，对平均分、“三率”、难度、区分度等主要指标有预测；命题反馈的满意率高。

7．质量分析。

包括期末考试、毕业班的大型模拟考试等，每次大型考试有一份学科质量分析报告，包括试题评价、试题分析、学生学业质量分析，存在的问题及教学建议；每年都要认真研究高考、中考试题，分析我区学生考试情况，写出试题评价及教学指导意见或建议。

8．信息报道。

每次区级学科教研活动后，都要将活动报道发布在教育信息网站上，都要将活动中教师参与教研的情况反馈给学校；及时向媒体报道学科改革动态，向上级教研部门汇报教研情况，借助各种平台推介教学经验和成果。

9．积极参加顺德区教育局、顺德区教育发展中心组织的集体活动，并按时、按量、按质完成上级和顺德区教育发展中心安排的相关工作。

10．工作计划与总结。

主动制定全区本学段本学科每学期教研工作计划并认真落实，主动撰写学期教研工作总结。

第七条　二级教研员职责

二级教研员是“大教研”网络中的中坚力量，负责镇（街）学科教学的教研教改组织指导工作。镇（街）教研工作要积极主动参与区级教研教改活动，并结合本地校本教研中的主要问题，采取现场做汇报课、专题辅导等形式进行二级传导。

常规工作职责：

1．教学视导。

（1）参与佛山市教育局教研室、顺德区教育发展中心针对本镇（街道）内中小学开展的集体教学视导。

（2）开展本镇（街道）集体教学视导和学科个别针对性视导。每学年覆盖全部小学。每学期对 1 ~2 所学校进行跟踪式视导，主要就上级教学视导反馈意见的执行情况以及教学倾向性问题展开视导，每所学校跟踪视导不少于 2 次，每月保持与分管副校长联系；要安排好个人教学视导，每月保证有 2 天时间下基层学校，下校视导一次至少听、评课 1 节、座谈 1 次，每学期至少有 6 个视导日。每次教学视导都要有记录，收集积累相关材料；在一个阶段视导完成后，撰写视导报告。

2. 听课评课。

认真记录听课笔记，有过程性思考文字，在课后有认真的评析，每学期听课不少于 10 节；评课要尊重客观实际，广泛听取一线教师的意见，对教学亮点进行总结提炼，对存在的教学问题做好跟进研究。

3. 组织活动。

镇（街道）教研活动要根据区教研工作计划和本镇（街道）实际情况开展，主动承办区级教研活动。有主题、准备充分、组织严密、有效果，每学期不少于 2 次。其中专题式教研活动、“教、研、训一体化”活动、全镇公开课等学科教研活动，每学期不少于 1 次。每学期重点参与、指导 1 个教研组（备课组）的教研活动。

4. 教师队伍建设。

每个教研员要开展本学段三级教研员队伍建设，通过教师培训、教研活动等形式，引领三级教研员的专业成长，并与之形成良好的合作关系。

5. 教学科研。

每学年撰写 1 篇教研文章，反映学科课程改革前沿问题，符合教育教学规律，具有指导价值和创新意识；三年内至少参与一项课题研究，积极申报各级教育教学成果奖。

6. 命制试题。

积极参与区级各类教学质量监测试题的命制，根据需要主动承担镇级教学质量检测的命题工作。

7. 质量分析。

对期末考试、毕业班的大型模拟考试等，每次大型考试有一份本镇（街道）学科质量分析报告，包括学生学业质量分析，存在的问题及教学建议；每年都要认真研究中考试题，分析本镇（街道）学生考试情况，写出试题评价及教学指导意见或建议。

8. 信息报道。

每次镇（街道）级学科教研活动后，都要将活动报道发布在相关教育网站上，都要将活动中教师参与教研的情况反馈给学校；及时向媒体报道学科改革动态，向上级教研部门汇报教研情况，借助各种平台推介教学经验和成果。

9. 与上级保持良好互动。

积极参加顺德区教育局、顺德区教育发展中心、一级教研员组织的集体活动，按时、按量、按质地完成上级安排的相关工作，接受上级的考评。

10. 工作计划与总结。

主动制定本镇（街道）学期教研工作计划并认真落实，主动撰写学期教研工作总结。

第八条 三级教研员职责

三级教研员是“大教研”网络的基础力量，主要负责校本教研工作。要采取教学业务学习汇报、集体备课、研讨课评课、优质课评比等形式开展校本教研活动。要积极主动参与全区和镇（街）学科教学教研教改活动，并结合实际，推进落实校本教研教改工作。

常规工作职责：

1. 接受教学视导。

协助学校做好准备工作，积极接受佛山市教育局教研室、顺德区教育发展中心、镇（街道）教育局到本校开展的教学视导，并在视导结束后认真落实视导建议，提高视导后效。

2. 听课评课。

认真记录听课笔记，有过程性思考文字，在课后有认真的评析，每学期听课不少于20节。要尊重客观实际，广泛听取一线教师的意见，对教学亮点进行总结提炼，对存在的教学问题做好跟进研究。

3. 组织活动。

根据区、镇教研工作计划和本校实际情况开展教研活动，主动承办区、镇组织的教研活动。每次活动有主题、准备充分、组织严密、有效果，每学期不少于2次。其中专题式教研活动、“教、研、训一体化”活动、全校公开课等学科教研活动，每学期不少于1次。每学期重点参与、指导1个备课组的教研活动。

4. 教师队伍建设。

每个教研员要开展本校学科教师队伍建设，通过教师培训、教研活动等形式，引领学科教师的专业成长，充分发挥校内骨干教师作用，尤其注重新教师培养，在学科组内形成良好的合作氛围。带领优秀教师主动申报二级、一级教研员。

5. 教学科研。

每学年撰写1篇教研文章；三年内至少参与一项课题研究。

6. 命制试题。

积极参与区、镇等各级各类教学质量监测试题的命制，提高命题能力。

7. 质量分析。

对期末考试、毕业班的大型模拟考试等，每次大型考试有一份本校学科质量分析报告，包括学生学业质量分析，存在的问题及教学建议。

8. 信息报道。

每次校级学科教研活动后，都要将活动报道发布在相关网站上，将活动中教师参与教研的情况反馈给学校，及时向媒体报道学科改革动态，向上级教研部门汇报教研情况，借助各种平台推介教学经验和成果。

9. 与上级保持良好互动。

积极参加顺德区教育局、顺德区教育发展中心、镇（街道）教育局或一级教研员、二级教研员组织的教研活动，并按时、按量、按质地完成上级安排的相关工作，接受上级的考评。

10. 工作计划与总结。

主动制定本校学期教研工作计划并认真落实，主动撰写学期教研工作总结。

三、 素质要求

第九条　思想政治素质

1. 坚持正确的指导思想，坚定正确的政治方向。工作中讲大局、讲正气、讲学习，不断提高自身觉悟，坚决贯彻和执行区委区政府的决策。

2. 自觉遵守宪法、法律和法规，依法治教、依章办事，师德高尚，为人师表，坚决维护全区教育形象和荣誉。

3. 忠诚党的教育事业，敬岗爱业，团结协作，忠于职守，勤奋工作，不拉帮结派，不以权谋私，公正廉洁，克己奉公。

4. 有强烈的事业心和责任感，充分认识教研工作在全面推进素质教育、提高教育教学质量中的重要作用，坚持为学校服务、为教师服务、为学生服务、为顺德人民服务。

5. 坚持理论联系实际、求实创新的科学态度，弘扬“百花齐放、百家争鸣”的学术精神，工作上既积极、主动、有主见，又谦虚、踏实、重修养，能团结广大教育工作者，做教育行政部门的参谋，校长的知音，教师的挚友。

第十条　教研业务素质

1. 具备不低于大学本科学历。有广博的文化知识，较系统的专业理论基础知识，良好的教育科学知识；有较丰富的教学实践经验和较高的教学理论水平，掌握本学科课程的教学内容、教学方法、教学手段以及教学改革的变化与发展；站在学科前沿，广泛吸取新知识、新信息，指导本学科开展教学教研活动。

2. 具备较强的课程领导能力。熟悉国家和省颁布的课程计划，能遵照上级教育行政部门的有关指示，结合本地区或本校实际，提出有本地区或本校特色的、践行素质教育的课程计划，提出使用课程标准及选用教材、教参的指导意见，为教育行政部门对本地区或本校教育教学的宏观决策提供科学的、可行的依据。

3. 具备较强的教学研究能力与较高的教学指导水平。能运用科学的教学理论，遵循科学的教学规律，就本学科教学领域的热点、难点、重点问题进行深入细致的研讨，找出对策予以实施，并对所取得的成绩给以正确的评估。

4. 具备较强的教学科研能力。能根据本学科教学实际，选择适当课题，成立课题研究组，带领骨干教师进行教学实验与改革，对先进的经验和成果进行及时总结、评价和推广，推进教学质量不断提高。

5. 具备较强的课程资源开发能力。一级教研员能根据教学实际需要编写学科教材（地方乡土教材），组织骨干教师积极编写教学辅助资料；二级教研员、三级教研员能指导教师开发学科校本活动课程，指导教师带领学生进行社会调查和开展社会实践活动。

6. 具备较强的现代教育技术应用能力。紧跟现代教育技术发展趋势，带头开展现代教育技术与学科教学整合实践，充分发挥现代教育技术在提升教育教学质量上的辅助作用。

第十一条　组织管理素质

1. 具有较强的工作规划能力。在教研工作开展上要有较强的计划性和前瞻性，既能按照区教育总体部署制订本学科教研长期规划，又能根据区教育发展中心、镇（街道）教育局、学校教研总体安排和学科特点制订本学科教研短期计划，确保学科教研工作有序、高效、优质地进行。

2. 具有较强的组织协调能力。能在区教育局、区教育发展中心统筹领导下，积极推进“区、镇（街道）与义务教育学校”及“区与区属学校”教研联动活动，实现教研重心下移学校，充分调动教师参与教研的积极性；能发挥各级各类专兼职教研员作用，组织开展多层次、多形式、高效益的学科教研活动。

3. 具有较强的学术交际能力。能广交教育线志同道合的朋友，组织开展跨区域、跨镇（街道）、跨校的教学交流和研讨活动；能借助社会学术团体、高校及科研部门在专业、理论、技术方面的优势，改进、充实、提高本学科的教研工作。

四、组织管理

第十二条　队伍架构

区教育发展中心负责组建、统筹、管理、评价教研员队伍。一级教研员、二级教研员、三级教研员均属于“大教研”网络，在教研工作实施中实行层级管理。义务教育阶段学校所设三级教研员接受镇（街道）二级教研员管理和区一级教研员督导；区属学校所设三级教研员直接受区一级教研员管理。基层教研员要服从、协助上级教研员的教研工作，并及时汇报、反馈教研工作实际情况；上级教研员要主动聆听基层教研员的工作意见、建议，了解教研工作执行情况。

第十三条　队伍组建

一级教研员，由区教育发展中心专职教研员担任。专职教研员学科配备不齐时，经个人自荐、学校审核、区教育发展中心考核后，聘用兼职教研员。

二级教研员，经个人自荐、镇（街道）教育局推荐、区教育发展中心考核后，由区教育发展中心颁发聘书予以确认。优秀二级教研员为一级教研员后备队伍，在升级教研员级别时享有优先资格。

三级教研员，经个人自荐、学校推荐、镇（街道）考核、区教育发展中心复核后，由区教育发展中心颁发聘书予以确认。优秀三级教研员为二级教研员后备队伍，在升级教研员级别时享有优先资格。

第十四条　队伍管理

1．管理架构。

一级教研员由区教育发展中心教研室管理；二级教研员以镇（街道）教育局管理为主，区教育发展中心管理为辅；三级教研员以学校管理为主，区教育发展中心和镇（街道）教育局管理为辅。

镇（街道）教育局和学校要对二级教研员、三级教研员的教研工作给予一定的支持和帮助，兼职教研工作计入本单位工作量。

2．管理过程。

建立二级、三级教研员业务档案，对二级、三级教研员进行每年一次任职考评，连续三年考评合格以上、至少一年考评优秀者，可根据实际情况予以续聘。一次考评不合格者，立即解聘。二级、三级教研员实行任期制，由顺德区教育发展中心颁发聘书，每届三年。

第十五条　教研员工作管理

1．工作机制。

教研工作实行“顺德区教育发展中心规划、审核、督查—学科组统筹协调、组织部署—各级教研员实施、负责”的工作机制，形成既有全区、协同，又充分发挥学科组及各级教研员个人积极性、主动性和创造性的工作格局。

2．顺德区教育发展中心教研室统筹管理教研工作重大专项和综合性工作，学科组、教研员协助有关工作的开展。

3．学科组统筹、部署学科教研工作总体思路、目标任务和措施办法，协调、督促各学段教研工作有效开展。

4．教研员负责本学科、本学段、区（一级教研员）/本镇或街道（二级教研员）/本校（三级教研员）教研工作的具体实施，并与有关学科、其他学段、其他镇或街道（二级教研员）/其他学校（三级教研员）教研工作沟通协调，开展研究、视导、考察、交流等教研活动。

5. 组织或参与重大教研活动、外出视导、调研考察、学习培训等，必须严格执行所在单位考勤制度，进行请示汇报，撰写活动综述、调研或考察报告、学习培训心得体会等。

6. 教研员违法违纪、以权谋私，工作失职给工作造成较大损失的，经上级有关部门核查后，区别情况给予行政处分；构成犯罪的，由司法部门依法追究法律责任。教研员在任期内，有以下情形之一的，应予以解聘：

（1）严格违反师德规定的；

（2）因个人工作失职造成重大损失，社会影响恶劣的；

（3）因违法、犯罪或违反党纪政纪，受到情节较重的处分和处理的；

（4）其他原因给教育工作造成重大负面影响的，例如违规组织营利性学术活动等。

五、工作绩效与评价

第十六条　教研工作绩效方案制定

各级教研员工作绩效评价要根据相关方案进行。一级教研员绩效评价方案由顺德区教育发展中心教研室制定；二级教研员绩效评价方案由顺德区教育发展中心教研室和镇（街道）教育局教研室代表联合制定；三级教研员绩效评价方案由顺德区教育发展中心教研室、镇（街道）教育局教研室代表、学校教学管理行政代表、三级教研员代表联合制定。

第十七条　各级教研员绩效基本要求为每年认真完成常规工作职责

第十八条　教研员评价工作在区教育局的领导下，由区教育发展中心主持

第十九条　每年对全体教研员进行评价考核。考核结果分为优秀、合格、不合格三类。二级教研员、三级教研员的考核结果发回教研员所在单位，作为年度工作评价的重要参考

第二十条　考核结果为优秀的教研员，在升级教研员级别、评先评优、外出考察学习、科研课题申报及经费申请等方面，享有优先权。考核结果为合格及以上的教研员，根据工作实效，予以一定物质补助

六、人才培养与引进

第二十一条　制定教研员的专业成长计划，做好教研人员的培养

针对各级教研员和后备教研员队伍，制定针对性强、可行性强的培养计划，区教

育局在政策、资金等方面予以扶持。

第二十二条　大力引进区外优秀教研人员充实各级教研队伍，积极展开与先进地区的教研交流，不断提升全区教研队伍的专业水平，为特级教师、省级以上骨干教师（含学科带头人）打通绿色引进通道

七、附则

第二十三条　本制度的制定、修改、解释由顺德区教育发展中心负责

第二十四条　本制度自发布之日起实施

立足学科核心素养，区域联动提质课堂

——2019 学年初中历史大教研活动

2019 年 12 月 17 日上午 9 点，顺德区东部片区初中历史“立足核心素养”课堂教研活动在容桂外国语学校举行，来自大良、伦教、容桂三个街道的 80 多位历史老师齐聚一堂，共同研讨初中历史教学。

首先由容桂外国语学校的林小婉老师和顺德一中外国语学校的许梓萍老师带来两节同课异构课《中国工农红军长征》。

林小婉老师的课堂教学目标明确，重难点突出，生动有趣，注重培养学生合作学习的能力，很好地落实了历史核心素养（见附图 2）。

附图 2　林小婉老师公开课现场

附图 3　许梓萍老师公开课现场

许梓萍老师则给大家带来了一堂活泼新颖的历史课。她以诗讲史，角度新颖，注重培养学生自主探究的能力（见附图 3）。

两节精彩的同课异构后，林老师和许老师分别就自己的上课构思做了讲解。二位中心教研组组长也分别对两位老师的课例进行了点评。点评中提到，两节课各有优点，或生动活泼，或角度新颖，都能立足史料，落实历史核心素养。建议在史料运用的规范和情感态度价值观的升华上做进一步的提升。

教研引领　共促发展

——2019 学年顺德区小学、初中、高中英语大教研活动

为总结上学年各学科教研工作经验，研讨并部署新学期教研工作，区教育发展中心英语学科大教研活动于 2019 年 9 月 11 日上午在顺峰中学举行。会议研究创新学科大教研机制，探索核心素养理念下学科内学段衔接的教研模式，以求推进区域联合教研工作，形成各级各类教研合力，促进我区教育高质量发展，全区 120 名镇街英语中心组组长、英语科组长、日语科教研骨干参加此次教研活动。

本次英语学科大教研工作会议由顺德区教育发展中心教研室小学英语教研员田湘军老师主持（见附图 4）。会议开始，首先由广东省英语特级教师、顺峰中学潘惠红校长讲话（见附图 5）。她代表顺峰中学欢迎顺德区英语教研骨干们。她希望各位英语科骨干在顺德区教育高质量发展的征途上，积极行动起来，让英语学科的教育教学质量更上一个台阶。

附图 4　教研室小学英语教研员田湘军老师主持会议

附图 5　广东省英语特级教师、顺峰中学潘惠红校长讲话

接着区初中英语教研员杜晓曦老师解读了新学期区英语学科工作要点（见附图6），区高中英语教研员许莎莎老师分析了新高考背景下的英语教学（见附图7）。许老师提出，要提高学生听力能力、口语能力及阅读能力，要遵循新课改理念，培养学生综合素质和能力，促进学生英语应用能力的全面发展。

附图6　区初中英语教研员杜晓曦老师解读新学期工作要点

附图7　高中英语教研员许莎莎老师分析新高考背景下的英语教学

最后，分学段进行了英语教学教研专题研讨，讨论学区内学法教法分享和新学期交流计划（见附图8、附图9）。

附图8　小学英语教研员田湘军老师组织骨干教师研讨

附图9　分学段研讨现场

本次英语大教研活动为广大老师提供了一个学习和交流的平台，大家畅所欲言，学习先进，在思维碰撞中一起成长，一起发展，有效推动了课堂教学水准的提升和促进课程改革发展。

开展命题研究与精准教学培训，打造北滘教学研究核心团队

为了打造一支“会研究中考，会学情数据处理分析，会做题、会评题、会选题、会教题、会命题，会精准教学，会引领教师”的北滘镇初中学科教学研究核心团队，2019 年 2 月 16 日上午，北滘镇“命题研究与精准教学主体参与式”高级研修培训在北滘镇君兰中学会议室正式开班。培训特邀浙江省温州市教育评估院质量评价科科长、浙江省基础教育课程改革专业委员会委员王旭东作专题讲座和现场指导；北滘镇教育局局长助理、教研室主任张玉媚，顺德区教育发展中心教研员远勋平老师，镇教研室全体成员，镇各初中的学科科长及骨干教师共 60 余人参与了研修。

在开班仪式上，教研室黄昌略副主任首先阐述了此次研修培训的目的和意义，向全体参与研修的教师提出了三点要求：一是要培养“所思所想形成文字”的习惯和能力；二是要研究中考考纲考点和命题规律，贴近学情和实际，切实做到精准教学，精准备考；三是要将研修培训深入化，让命题研究在一线教师中“生根、发芽、开花、结果”。接着，王旭东科长作了“五年中考规律与复习对策研究”的专题报告，报告内容围绕“高级研修班策划设想、研修项目分工及方式、研修成果框架、考纲研究、试题研究（试题剖析）、题组研究（规律研究）、整体研究（宏观研究）、归因研究、对策研究”九个方面展开，分科目、分版块对中考各科试题规律分析及复习策略进行了详尽的剖析，内容翔实、理论精深、逻辑清晰，给各位参与研修的教师进行了宏观蓝图和具体操作的有效指导。2 月 16 日下午至 2 月 17 日全天，参与研修的教师们分学科研究近五年中考试题，寻找命题规律并进行对策分析，从而形成初步研究报告。学科教师们在王科长的具体指导下分工协作、集思广益，思维得到了碰撞，研究试题的能力得到了提升。

此次研修培训理论与实际相结合，全体参与的教师认真学习、深受启发，每一位学员都受益匪浅。教师们纷纷表示只有不断地加强学习，才能适应精准教学的要求。本次培训为期 6 天，为 2019 年的中考备考奠定了良好的基础，打响了精准备考的第一枪！

聚焦语文学科特点　架起初小衔接之桥

为推进全区域联合教研工作，创新教研方式，加大小学和初中语文教学衔接工作力度，探索提升学生语文学科核心素养的有效路径，切实提升语文教学质量，2019 年 6 月 12 日，由顺德区教育发展中心主办，北滘镇教育局协办的顺德区 2019 年语文学科小初衔接教学研讨活动在承德小学报告厅举行。

顺德区教育发展中心教研室副主任陈辉霞、小学语文教研员林雪玲，北滘镇教育局教研室副主任何秀萍、教研专干邓士威、特聘教研员刘学柱，以及顺德区各中小学代表老师和小学语文教研员工作坊成员等 400 多人参加了本次活动（见附图 10）。

附图 10　参会代表合影留念

首先，活动由承德小学王婷老师和君兰中学曾亚主任进行同课异构，带来了两节各具特色、精彩纷呈的研讨课《山中杂记》（见附图 11、附图 12）。两位老师均能从新课标理念和学科的特点出发，面对同样的课堂内容，运用不同的教学策略，设计多元的、有层次的、有效的教学活动，教学语言清晰明了，教学过程自然流畅，引领学生找到了“学”的感觉。

附图 11　承德小学王婷老师在执教《山中杂记》

附图 12　君兰中学曾亚老师在执教《山中杂记》

在互动交流环节，区小学语文教研员林雪玲老师阐述了“散文”这一文体的教学思路，分析了课堂生成的内容要注重学生的情感体验。她从小学语文的角度出发，交流了语文学科的教学重点及衔接策略，力求通过恰当的阅读教学方法，提高语文课堂的效率（见附图 13）。

附图 13　区小学语文教研员林雪玲老师在点评

随后，毕业于香港教育学院的区教育发展中心谭嘉丽老师分享了香港和台湾两地的教学经验，引发大家思考《山中杂记》还可以怎么教。她的讲话让老师们耳目一新。

最后，区教研室副主任陈辉霞发表讲话。她以小初衔接调查问卷呈现的问题作为切入点，采取现场互动的形式，使教师们畅所欲言纷纷分享了自己的教学体验。陈主任带领大家共同关注了小初衔接的具体落实措施，重点提倡引导学生养成良好的学习习惯和阅读习惯，以课外阅读为助推器，将学生关注的视域不断引向更深远、更广阔的世界，并对学生的阅读与写作提出了相关建议（见附图 14）。

附图 14　区教研室副主任陈辉霞与老师现场互动交流

同课异构，同放异彩。此次顺德区语文学科小初衔接教学研讨活动，让各中小学教师对小初衔接有了更深刻的认识，激发了教师们共同研讨的热情，架起了初小衔接的桥梁。

学段贯通共教研，循源问诊抓质量

为总结英语学科教研工作经验，研讨并部署新学期教研工作，创新大学科教研机制，探索学科内学段衔接的教研模式，顺德区 2018 学年第二学期英语大学科教研大会于 2019 年 2 月 26 日下午在京师励耘实验学校顺利召开，区小学、初中及高中三学段兼职教研员，各镇街教研组长，各校英语科长及部分备课组长共 165 人参与了会议。

会议分为两个阶段，第一阶段为大学科研讨会议，由小学英语教研员田湘军老师主持。顺德区教育发展中心黄晨曦副主任分析了顺德区英语学科发展的情况，分享了优秀案例，并提出要利用加强管理、做好教师培训等措施推动英语质量提升工程。黄主任强调提升英语学科教学质量必须正视问题，加强落实。随后，顺德区教育发展中心英语大学科组长、高中英语教研员许莎莎老师做了“学段贯通，携手共进”主题讲话。许老师分析了英语学科教学问题出现的原因，并对教研员及英语教师提出要求与希冀，希望大家奋力拼搏，合力提升顺德区英语教学质量。

附图 15　顺德区小、初、高英语大学科会议现场

第二阶段为分学段专题会议，分为小学、初中及高中三个会场进行。

高中专场，高中英语教研员许莎莎老师首先对上学期工作进行总结，对本学期工作进行了安排，强调抓质量以及学段衔接；然后通过优质课评选，优秀教学设计两个比赛结果的分析，给在场老师提供了教学思路。最后，会场再分年级就重要事项进行讨论及确定。（见附图 16、附图 17）

附图 16　高中英语教研员许莎莎老师做数据分析

附图 17　小学英语教研员田湘军老师带领骨干教师进行研讨

初中专场，初中英语教研员杜晓曦老师首先做了上学期工作回顾的讲话，强调学段融合，规划提升。接下来，镇、街、区属学校各教研组组长进行了工作汇报，分享了各校教学经验。最后，杜老师总结上学期初中英语学科整体情况，并对部分学校提出要求与希望。

小学专场，小学英语教研员田湘军老师首先提出要落实质量提升，各镇街学校要互学互助，邀请各镇街教研员进行了特色教研活动分享。接着各兼职教研员就上学期期末检测情况进行了分析，提出问题及建议。最后田老师对会议内容进行总结并做工作安排。

附图 18　高中英语学科骨干教师合影

此次英语大学科教研会议汇聚顺德区英语教学骨干之力，引领全体英语教师为顺德英语教学改革努力拼搏，创造顺德英语教育的辉煌明天。

教学研讨助复习　经验交流促提升

2019 年 8 月 14 日上午，2020 届高三生物复习备考研讨会在华侨中学顺利召开，顺德区教育发展中心生物教研员唐创强老师以及全区高三生物教师 80 多人参加会议。

会议专门研究新高三的一轮复习问题，内容丰富。首先，华侨中学的郭慧敏老师给大家展示了一节高三复习课“细胞膜的结构与功能”，重基础、重落实、有活动、有效果的课堂得到教师们的一致好评。在点评环节，李兆基中学的谢树亮老师认为郭老师在教学中密切联系课本和考点，注重基础知识的训练，值得老师们借鉴。郑裕彤中学的金文威老师认为郭老师的课堂学生参与度高，学习主动性强，同时也要注重学科思维的培养。（见附图 19、附图 20）

附图 19　华侨中学郭慧敏老师上课现场

附图 20　点评老师发言现场

接着，乐从中学黄春云老师和德胜学校齐红新老师分别做了高考备考经验与做法分享的专题发言。黄春云老师从 2019 年高考试题分析出发，提出高考试题注重教材、重视核心基础知识和核心概念理解的考查，重视实验探究能力的培养，凸显对学生综合应用能力的选拔功能。她结合多年经验，面向新高三的一轮复习，提出紧扣教材内容夯实基础、精选习题培养综合能力、构建解题模型提高学习效果等六点备考建议。德胜学校齐红新老师则从教材研读的角度分享了高三备考提分指导策略。齐老师以教材为立足点，评析了近两年的全国 Ⅰ 卷对课本知识考查的情况，然后介绍了学生和教师研读教材的方法：指导学生运用“标、注、增”阅读方法研读教材，形成自己的知识框架图；教师研读教材，则应将教材看成“高考试题库”，发现其中的考查因素，组织题型用于复习训练。（见附图 21、附图 22）

附图 21　乐从中学黄春云老师分享备考经验

附图 22　德胜学校齐红新老师分享提分策略

最后，唐创强老师代表参会老师感谢三位老师的分享。唐老师分析了近几年全区的生物教学成绩，指出成绩的取得有赖于全体生物教师的辛勤付出。他同时强调，各校备课组在落实一轮复习指导意见的基础上，还要注意从政策高度看清高考方向，在精准把握学情上加大力度，从深度备考方面开发潜力，努力提升一轮备考复习的效果。

教学研讨助复习，经验交流促提升。通过此次教研活动，教师们进一步明确了新一轮复习备考的任务和方向，加强交流与合作，打造高效备考课堂，顺应时代潮流，力创佳绩。

附图 23　授课和分享经验的教师与高中生物学科教研员唐创强老师合影

陈村小学语文“3·3·4”教研体系构建

和传统教研活动不同，镇域小学语文教研活动课程化有其严密的系统组织建构，通过组织设置、运作策略，用共同体组织的力量，推动个体及共同体知识创新、知识共享、知识应用。

所谓的“3·3·4”构建体系，是指镇域小学语文教研活动课程化由3级组织网络，3条运作主线，4个操作环节组成。（参见附图24）

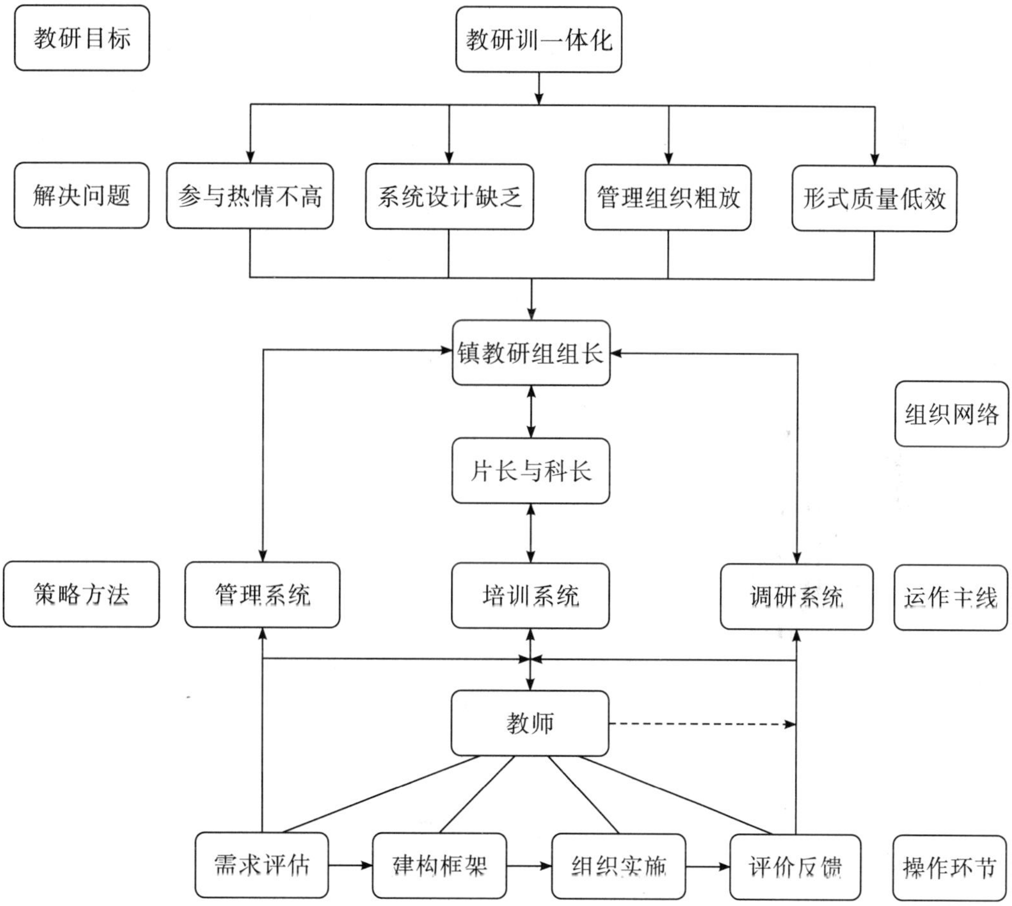

附图24　镇域小学语文教研活动课程化“3·3·4”构建体系

（一）3：三级组织网络

组织建设是教研活动课程化有序、有效的前提保障。基于我们已形成的镇教研室、联片、学校教研组三级教研网络，我们组建了由镇小学语文兼职教研员、联片中心教研组组长、各校科组长组成的教研共同体领导团队。镇兼职教研员负责镇域小学语文教研活动课程化的总体筹划；联片中心教研组组长负责协作片内教研活动组织；学校科组长负责本校教研活动开展。团队成员分工明确，各司其职，各尽其责，保证了镇域整体及联片、学校教研活动课程化的正常、有序进行。

（二）3：三条运作主线

镇域小学语文教研活动课程化中的3条运作主线分别是调研线、培训线、管理线。其中，调研线具有调研和研究两大功能，通过镇域共同研究，集中镇域所有优势力量，并借助镇域外部专家团队，解决小学语文教育教学中的重点与难点问题，突破教师专业发展瓶颈。培训线是专业成果的转化器，通过恰当的培训，将先进的教育教学理念、最新的教学成果、先进的经验和有效的做法向整个镇域推广普及。管理线则兼有规划管理、执行推进和评价激励三方面功能，能充分发挥镇域小学语文教研活动课程化规范管理优势，提高教师专业执行能力。

（三）4：四个操作环节

镇域小学语文教研活动课程化是对传统意义教研活动的创新。这种创新，体现在兼职教研员与教师共同以学习者身份出现，它强调兼职教研员与教师思想的不断“重构”，强调彼此间在课程目标、课程内容、课程实施和课程评价方面的共同协商。它的专业运作体现在它有完整的课程实施框架。具体包括以下四个操作环节：需求评估—建构框架—组织实施—评价反馈。

2018 年顺德区中小学深化课堂教学改革研讨暨成果推介会

2018 年 5 月 25 日，主题为“深化课堂改革，走进教育新时代”的顺德区中小学深化课堂教学改革研讨暨成果推介会，总结了顺德区近年的课改成果，将顺德优秀的课改经验推介出去，同时也以开放的姿态引入了上海、深圳等优秀课改成果相互借鉴。这次会议将展示经验与点评相结合，为让专家学者的课改理念与顺德区实际的课改经验相对接、相磨合、相启发提供了一个自由的平台。

第一部分活动主要有专家报告、成果推介、课堂展示和专家点评，具体安排如下：

活动项目	具体内容	备注
专家报告	新高考与课程改革	胡中锋（华南师范大学公共管理学院副院长、教授、博士生导师）
	课堂教学模式变革：理论与实践	赵萍（华南师范大学教授，教育部重点课题负责人）
成果推介	罗定邦中学信息技术深度融合的“1＋1”主体建构课堂教学改革	熊文华（罗定邦中学校长）
课堂展示	“1＋1”主体建构课堂教学展示——高一地理“外力作用与地貌”	蒋治国老师（罗定邦中学）
专家点评	教育信息化背景下的课堂教学改革展望——绿色课堂革命	程红兵（深圳明德实验学校校长，全国名校长）

第二部分活动围绕“深化课堂教学改革”“优化学校课程建设”和“走向课改文化建设”三个分论题开展，具体安排如下：

分论题	活动项目	具体内容	备注
深化课堂教学改革	经验分享	小课堂撬动教育大发展——“善乐”课改的顶层设计与实践	乐从镇教育局
	专家讲座	互联·深度：基于“核心素养”的教学变革方向	顺德第一中学
		选课制、走班制背景下学校课堂教学改革的实践与探索	王葆华（上海宝山中学校长，全国名校长）

续上表

<table>
<tr><th>分论题</th><th>活动项目</th><th>具体内容</th><th>备注</th></tr>
<tr><td rowspan="3">优化学校课程建设</td><td rowspan="2">经验分享</td><td>紧抓课程建设，聚焦高效课堂，促进个性发展</td><td>广东碧桂园学校</td></tr>
<tr><td>绿色漾动，课改推动，勇当先锋——顺德区西山小学课堂教学改革特色回顾</td><td>顺德区西山教育集团</td></tr>
<tr><td>专家讲座</td><td>学校特色发展与学校课程建设的思路、策略和方法</td><td>李臣之（深圳大学教授，全国著名课程论专家）</td></tr>
<tr><td rowspan="3">走向课改文化建设</td><td rowspan="2">经验分享</td><td>变革与重构　营造课堂教学的新样态</td><td>大良街道教育局</td></tr>
<tr><td>慧指文化，因课改而美丽</td><td>乐从镇东平小学</td></tr>
<tr><td>专家讲座</td><td>新时代教育背景下学校课改文化建设的思路、策略和方法</td><td>曾文婕（华南师范大学教授，博士生导师）</td></tr>
</table>

顺德作为中小学课改的先行区和示范区，以此次会议为契机，戮力走在深化课堂教学改革的前列，不断在原有课改经验的基础上探索新思路，努力为推进课堂教学改革提供顺德范例。

“深化课堂教学改革，促进教育高质量发展”

——2019 年顺德区中小学全面深化课堂教学改革研讨暨成果推介会

2019 年 1 月 4 日，主题为“深化课堂教学改革，促进教育高质量发展”的顺德区中小学全面深化课堂教学改革研讨暨成果推介会，进一步推进了我区教研教改工作，展示交流课堂教学改革优秀成果和先进经验，充分发挥课堂教学改革优秀学校的示范和引领作用，打造“育一批成果、推一批优课、树一批名师、创一批名校”工程，以“点”带“面”，带动全区中小学深入推进课堂教学改革。

第一部分活动主要有专家报告、主题推介和课堂展示，具体安排如下：

活动项目	具体内容	备注
专家报告	新时代教育改革背景下智慧教学与师生成长	刘晓中（东北师范大学教授，研究生导师）
主题推介	乐从镇大墩中学“356 生本智慧课堂”教学改革经验与成果报告	章小卫（乐从镇大墩中学校长）
	大良街道顺峰中学“师友互助”课堂教学改革经验与成果报告	潘惠红（大良街道顺峰中学副校长）
课堂展示	“356 生本智慧课堂”教学展示——初二数学专题复习“一次函数与三角形面积”	黄燕兰老师（乐从镇大墩中学）
	“师友互助”和美课堂教学展示——初一语文《穿井得一人》	陈昀老师（大良街道顺峰中学）
专家点评	课堂教学改革与教学体系的建构	舒悦（佛山市教育局教科所所长）

第二部分活动围绕“基于学科核心素养的深度教学设计与实践”“基于‘教学评’一体化的教学构建与实践”和“基于现代信息技术手段的教学探索与实践”三个分论题开展，具体安排如下：

分论题	活动项目	具体内容	备注
基于学生核心素养培养的“共生课堂”教学改革的探索与实践	经验分享	基于学生核心素养培养的“共生课堂”教学改革的探索与实践	彭安生（伦教中学校长）
		构建核心素养达成的“四度空间”	罗佩华（均安镇教育局副局长）
		深化教学设计，促进“三个落实”	谢景霞（龙江城区中心小学校长）
	专家讲座	基于素养发展的课堂教学目标体系的构建、实施与评价	曹宝龙（杭州市基础教育研究室主任、书记）
基于“教学评”一体化的教学构建与实践	经验分享	厚德多元　扬长发展——容山中学扬长教育体系的建构和实施	张东升（容山中学副校长）
		聚焦课堂教学改革　提高学生核心素养——基于“立人”教育特色的“教学评”一体化教学实践	刘伏奇（杏坛梁銶琚中学校长）
		基于“全童教育”理念下　教与学的实践改革初探	郭丽华（伦教北海小学校长）
	专家讲座	“教学评”一体化与深度教学的思考与实践	钟守权（广东省教育研究院教材教学研究室副主任）
基于现代信息技术手段的教学实践与探索	经验分享	“互联·深度”未来课堂教学改革综述	何训强（顺德区第一中学主任）
		一体两翼，插上腾飞的翅膀——“三环智能课堂”促学校高质量发展	胡和秋（勒流江义中学校长）
		加强信息化建设，促进学校可持续发展	黄伟（北滘中心小学校长）
	专家讲座	面向教育信息化2.0的智慧课堂创新应用	胡小勇（华南师范大学教授、博士生导师）

本次推介会在落实立德树人根本任务，着力发展学生学科核心素养，切实推进学科深度教学实践，全面实现从“学起来”到“学得好”的高质量发展等方面有了新的突破。顺德作为中小学课改的先行区和示范区，正在充满挑战和机遇的课程改革大道上阔步前行，以人为本，以学生为主体，以强质增效为突破，全面深化课堂教学改革，正在认真写好教育奋进之笔。

“智研慧学，联动赋能”

——2020 年顺德区中小学区域联合教研暨课堂教学改革成果展示

以“智研慧学，联动赋能”为主题的2020年顺德区中小学区域联合教研暨课堂教学改革成果展示活动，采取“线下现场+线上直播”同步进行，分为“同课异构与学科组建设成果分享”和“教研教改成果推介与展示交流”两大部分开展，全方位检视了我区区域联合教研与课堂教学改革行动新进展和新成效。

2020年10月21日下午，第一部分“同课异构与学科组建设成果分享”活动在北滘中心小学、北滘君兰中学和北滘中学开展，具体活动安排如下：

学段	学科	同课异构		学科组建设成果分享
		授课教师	授课内容	分享人
小学	语文	顺德区北滘中心小学秦亚迪	盘古开天地	顺德区乐从小学张劲红
		禅城区玫瑰小学李咏莲	分数的再认识（一）	顺德区德胜小学王宏伟
	数学	顺德区乐从东平小学朱颖蓉		
		佛山市禅城区环湖小学邓睿	PEP	顺德区容桂南环小学黄小娟
	英语	顺德区杏坛昌教小学张子昕	生命最宝贵	授课教师分享
		东莞南城教育管理中心董剑		
	道德与法治	华南师范大学附属北滘学校严娅芬		
		佛山市铁军小学罗婉智		
初中	数学	顺德区北滘君兰中学佘萍萍	一元二次方程单元复习	顺德区均安文田中学潘孔祥
		南海区樵北中学曹谷铭		
	英语	顺德区德胜学校毛丽婷	M6U2 阅读教学	顺德一中外国语学校石委华
		佛山市华英学校陈正尧		
	历史	顺德区龙山初级中学刘娴兴	君主立宪制的英国	顺德一中外国语学校劳咏芬
		深圳福田区科教院附中李春兰		
	道德与法治	顺德区北滘君兰中学杨小玉	共筑生命家园	顺德区勒流江义中学吕倩玲
		佛山市第十四中学杨奕镕		

续上表

学段	学科	同课异构		学科组建设成果分享
		授课教师	授课内容	分享人
高中	数学	顺德区北滘中学邱美艳 深圳市松岗中学陈爽	函数的奇偶性	顺德区罗定邦中学范光玉
	地理	顺德区北滘中学吴晓丹 广州大学附中英德实验学校胡玉新	风成地貌	顺德区伦教中学陈志建
	化学	顺德区罗定邦中学王思毅 深圳市宝安中学（集团）郑良凯	一轮复习“硫及其化合物”	顺德区华侨中学申水源
	生物	顺德区乐从中学任灏诗 华南师范大学附属中学罗宇立	激素调节	顺德区李兆基中学辛小兵

2020 年 10 月 29 日上午，第二部分“教研教改成果推介与展示交流”活动在北滘中心小学举行，具体活动安排如下：

序号	分享主题	分享人
1	立德树人　立学提质　立新创品	北滘镇宣传文体旅游办公室、教育办公室主任　张大浩
2	基于学区教育共同体的区域联合教研与课堂教学改革实践研究	均安镇宣传文体旅游办公室、教育办公室主任　李锡杰
3	发百教之声，育时代真人	北滘镇中心小学校长　黄伟
4	让孩子站在学校中央	乐从镇东平小学校长　谢立清
5	关注学生差异，精研教学课例，助推学校发展	容桂外国语学校校长　李升旺
6	“互联深度”——顺德一中教学改革与区域联合教研成果汇报	顺德区第一中学校长　谢大海

华南师范大学教育科学学院副院长葛新斌教授充分肯定了顺德在教学改革中持续而有益的探索与实践，形成了具有顺德特色的课改教研发展之路，完整地构建起了区、镇、校三级教研联动机制。这是顺德教育基于教育教学研究发展规律，结合顺德实际而做出的准确预判与切实行动。佛山市教育局教研室李明主任指出，顺德在课堂教学改革上卓有建树，亮点纷呈。在创新教研工作机制方面形成了“大教研”的工作思路，

推进了全区教研资源的整合与优化；聚焦课堂教学，以“课堂革命”更新教育教学理念；以“自主、合作、探究”为核心，构建了具有顺德特色的课堂教学范式；以开放务实的精神构建了科学的教研工作体系。这对佛山的教育综合改革和教育的高质量发展也带来了启示，具有学习和借鉴意义。

附：顺德区中小学区域联合教研暨课堂教学改革系列评选结果

中小学区域联合教研暨课堂教学改革系列评选活动，共评选出区域联合教研先进镇街 1 个、课堂教学改革先进镇街 1 个、区中小学课堂教学改革先进学校 20 个和区中小学课改先进教师 76 名。具体名单如下：

顺德区区域联合教研先进镇街（1 个）：均安镇

顺德区课堂教学改革先进镇街（1 个）：乐从镇

顺德区中小学课堂教学改革先进学校（20 个）：德胜小学、北滘镇中心小学、乐从镇东平小学、乐从镇乐从小学、伦教培教小学、龙江城区中心小学、陈村镇吴维泰纪念小学、杏坛昌教小学；容桂外国语学校、乐从大墩中学、伦教翁祐中学、均安建安中学、顺德养正学校、勒流新球中学；乐从中学、罗定邦中学、顺德一中、李兆基中学、容山中学、桂洲中学

顺德区中小学课改先进教师（76 名）（名单略）

参考文献

一、学术论文

［1］王明昌．“大校本＋大学区”教研：有效促进县域师资均衡［J］．中小学管理，2011（6）：37－38.

［2］沈顺良．发挥教研共同体作用，推进初中教师全员培训［J］．教学管理（中学版），2014（5）：7－10.

［3］贲新文．发挥教研员引领作用，打造区域教研共同体［J］．创新时代，2016（5）：46－47.

［4］张莉，武俊学．构建教研共同体：区域教研机制建设新途径［J］．河北教育（综合版），2012（5）：35－36.

［5］岳燕．构建区域高端教师研修共同体之探析［J］．继续教育研究，2014（01）：97－98.

［6］白忠明，李晓梅．构建区域教研共同体，助推义务教育均衡发展［J］．宁夏教育，2016（06）：34－41.

［7］李建新．构建县域生态创生模式教育特色，促进校本教研制度建设全面创新［J］．教育现代化，2016，10（31）：261－262.

［8］叶显余，唐诚江．建立区域研训共同体，助推教师专业发展［J］．宁波教育学院学报，2010，12（4）：37－39.

［9］徐伯钧．教科研训一体化：县域教师发展中心的功能融合［J］．教育理论与实践，2015，35（11）：31－33.

［10］黄路然，肖冬云，蔡亮．论学区教研共同体建设：以郑州市区为例［J］．西部素质教育，2016（7）：24.

[11] 蒋玉国. 县域教研路径转型升级的实践探索 [J]. 教育科学论坛, 2016 (11): 34 –36.

[12] 孙贵英. 组建高效教研团队, 激活县域教研的集体智慧 [J]. 贵州教育, 2017 (14): 23 –27.

[13] 李子建, 宋萑. 专业学习共同体与课程发展 [J]. 课程·教材·教法, 2006, 26 (12): 24 –28.

[14] 程先国. "联·挂·帮": 县域教研机制的创新探索 [J]. 教学月刊 (中学版), 2015 (2): 34 –36.

[15] 路鹏, 周东岱, 钟绍春. 面向区域基础教育的资源共建共享支撑平台研究 [J]. 现代教育技术, 2011, 21 (12): 104 –108.

[16] 孙玉刚. 大力发展县域校本教研工作的策略研究 [J]. 教育实践与研究, 2012 (04): 20 –22.

[17] 王建普. 县域教研机构建设与工作创新的研究 [J]. 职业时空, 2011, 7 (08): 50 –51.

[18] 舒悦. 当代美国学校学习共同体问题探析 [J]. 外国教育研究, 2007 (2): 21 –25.

[19] 牛利华. 教师专业共同体: 教师发展的新模式 [J]. 教育发展研究, 2007 (12B): 40 –41.

[20] 吴国珍. 为农村教师持续成长发育城乡统筹教师共同体 [J]. 教师教育研究, 2013. 25 (1): 11 –16.

[21] 牟映雪. 教研组协作文化构建与教师专业发展 [J]. 课程·教材·教法, 2006 (9): 83 –86.

[22] 李瑾瑜. 学校应当成为专业学习共同体 [J]. 教育理论与实践, 2008, 28 (15): 8.

[23] 吴群. 共事切磋, 共同提高: 区域教师研修共同体构建的探索 [J]. 教师, 2010 (22): 51 –52.

[24] 周智祥. 县域性推进校本教研的探索与成效 [J]. 学苑教育, 2010 (19): 16, 35.

[25] 李元昌. 从教研教改基地校到县域三级教研网络的研究报告 [J]. 中小学教师培训, 2009 (8): 27 –30.

[26] 徐新民, 缪爱明. 名师工作室的长效管理运行机制 [J]. 教育理论与实践, 2012, 32 (26): 18 –20.

[27] 丁文平. 谁来关注县级教研室的现实困境 [N]. 中国教育报, 2007 –1 –26 (5).

［28］崔允漷，郑东辉．论指向专业发展的教师合作［J］．教育研究．2008（6）：78－83．

［29］陈秋宾，李晓红．以校为本 区域推进：山西省太原市杏花岭区校本教研探索［J］．教育理论与实践，2005（8）：28－30．

［30］杨光伟．基于教学主题的工作坊研习模式在学科骨干教师培训中的应用［J］．浙江教育学院学报，2011（01）：8－12，68．

［31］周作坤，王艳霞．建立“三级”教研网络促进农村教师素质的提高［J］．中小学教师培训，2007（7）：17－19．

二、硕士论文

［1］罗丽文．城区教研室在校本教研中的角色之研究［D］．广西：广西师范大学，2007．

［2］杨静平．发挥地区学科中心组教学管理作用的研究初探：以南京市初中政治中心组为例［D］．南京：南京师范大学，2004．

［3］丁雪婷．区域视角下教师专业学习共同体构建策略研究：以×教师专业学习共同体为个案［D］．长春：东北师范大学，2015．

［4］罗清菊．中学教师学习共同体建设的研究：重庆市南岸区长生桥中学为例［D］．重庆：西南大学，2016．

后 记

区域教研是提升教师教学水平、优化教育资源、缩小教学差距的重要教研形式，对整合区域教研力量、推进区域课程改革、提升区域教学质量起着重要作用。随着现代教育改革的不断深化，区域教研方式方法变革的必要性和迫切性凸显，教育工作者必须抓住发展契机，把握区域教研的未来走向，促进区域教研生态优化升级。

从 2016 年启动新一轮教育综合改革以来，顺德区一直积极探索，大胆进行尝试和实践，通过构建“区域大教研”网络、搭建教研信息与资源共享平台、完善课题（项目、基地）管理机制、打造高素质教师队伍、强化教研工作考评等，推动顺德区域教研快速发展，开创了我区教育研究发展的新局面。在我区教育综合改革不断深化的背景下，我们对近年来的区域教研改革经验进行了系统梳理并编成此书，希望能更好地提炼本区的教改成果，并为其他区域的教研改革提供参考及借鉴。

在收集整理区域教研成果准备出版之际，我们得到了顺德区教育发展中心领导的支持。教研室全体教研员在参与研究和实践过程中付出了大量的心血和汗水，成果是他们实践的结晶，是我们共同奋斗的见证！

在本书即将出版之际，特别感谢杨艳冬博士给予的专业指导，感谢每位区教研员的实践积累与丰富素材，感谢各镇街教育局（办）和众多学校的积极配合，感谢顺德区教育局与教育发展中心的大力支持，感谢顺德教研人的默默耕耘，让研究结果得以付梓。

由于时间仓促和水平有限，书中难免有错漏之处，敬请各位专家、同行及读者批评指正。